Fabio Beccacini

Sushi sotto la Mole

Giorgio Paludi indaga

Fratelli Frilli Editori

È il momento disperato in cui si scopre che quest'impero che ci era sembrato la somma di tutte le meraviglie, è uno sfacelo senza fine né forma.

Le Città Invisibili, Italo Calvino

La bara era al centro della sala mortuaria, tre necrofori ci giocavano a carte sopra e un quarto leggeva ad alta voce le quote scommesse della SNAI bestemmiando.

– Il Real lo danno quattro a uno. È una bella giocata. Gli spaccano il culo ai londinesi.

Quello piccolino con la coppia d'assi alzò la testa, diede una tirata alla sigaretta e poi la spense per terra con un piede.

– Gli inglesi sono nati all'inferno. Hanno nove vite come i gatti. Non ci conterei. È una giocata di merda.

L'altro in piedi con il giornale diede un pugno sul feretro. Fuori pioveva fitto, oltre il Po il traffico avanzava stretto in un imbuto.

– Sta a sentire: il Real quattro a uno è una giocata da cazzo duro. Sai cosa ti dico? Ci metto su mezzo stipendio e ce ne alzo due. Poi mi compro una licenza da ambulante e vaffanculo questo lavoro di merda. Vendo panini, patatine e coca cole del cazzo. E tu non dici niente?

L'altro necroforo era preso da problemi più seri. Gli sarebbe di nuovo toccato pagare da bere, ed era la quarta volta in una settimana. Forse il poker non faceva per lui, o gli altri baravano come iene. Aveva una mano da vendersi gli organi, un sette di fiori, un jack rosso, e altre tre carte spaiate. Sarebbe stato più facile tentare di rifilare gelati agli eschimesi. Non era cosa. Buttò le carte sul tavolo, guardò l'ora.

– Le birre toccano a me. Ma io dico che i gatti di vite ne hanno soltanto sette, sono le code di quei ruffiani ad essere troppe. Fa un po' come ti pare. In ogni caso questo stronzo – indicò la bara su cui avevano allestito la bisca – va messo sotto quattro piedi di terra come tutti gli altri.

Adesso quello in piedi sembrava preoccupato, insisteva a guardare fuori dalla finestra. La coda di macchine sorpassava il cavalcavia e si perdeva oltre la rotonda delle Vallere.

– Ma non viene nessuno ad accompagnarlo? Ci dobbiamo seguire la messa da soli?

– È un povero cristo. Hai visto com'era conciato. Non ha anima al mondo. E pace alla sua se mai ne ha avuta una. Noi facciamo il lavoro per cui siamo pagati. Se poi arriva qualche parente in ritardo vorrà dire che piangerà direttamente davanti alla fotografia.

Alla fine si risolsero a prepararsi, recuperarono gli spiccioli e le carte dalla cassa, poi iniziarono a spingere il feretro lungo il corridoio dell'ospedale.

Vicino all'ingresso del Pronto Soccorso la gente era sparpagliata in un'infinita attesa, ognuno col proprio cartellino di prenotazione come al banco del supermercato. Bianchi, verdi, gialli e rossi. Gli accompagnatori erano tutti al cellulare che sbraitavano con qualche parente a casa.

– Che cazzo gli è venuto in mente a morire di domenica?

– Ti lamenti sempre, ci pagano lo straordinario

– A te lo pagano cervellone. Io sono in nero.

Il necroforo che parlava di scommesse buttò la Gazzetta nella pattumiera. Poi ci ripensò, la riprese e diede ancora un'occhiata alla quota: Real vincente quattro a uno. Sorrise, solo pensarci gli fece contrarre la natiche. Quindi si risolse a seguire i colleghi.

Appena varcarono la soglia smisero di chiacchierare. La pioggia scendeva giù copiosa, c'era anche una leggera brezza, cosa più unica che rara a Torino e l'umidità entrava nelle ossa.

Uno dei quattro andò a prendere la macchina. Una Mercedes classe E station wagon adattata al servizio funebre. Il conducente la portò di fronte all'ingresso dell'obitorio, ma il futuro allibratore pretese di finire la sigaretta – solo a metà – dopo che l'ultima volta che aveva rovinato la radica del carro il capo gli aveva sottratto il restauro della placca dalla busta paga. Quindi sbatterono il poveretto sul retro della vettura a fianco di un'altra cassa da morto e richiusero il portellone.

Due necrofori saltarono sull'auto e l'altra coppia andò a recuperare una vecchia Punto d'appoggio parcheggiata lì vicino. Si immisero nel traffico in direzione del centro. Quello alla guida era un disco rotto.

– Ero convinto che i funerali di domenica non si potessero fare.

– Niente funerale. Andiamo dritti al camposanto.

L'esperto di quote scommesse non fece altre domande: aveva capito l'antifona.

Presero la corsia dei tram e centrarono tutti i rossi del mondo. L'autista era spazientito, continuava a guardare l'orologio. C'erano due macchine in doppia fila parcheggiate di fronte a un distributore automatico di dvd. Dovettero doppiarle freccia su freccia come in un viaggio per mare.

– Mi chiude l'agenzia. Stasera il Real li fa neri, gli inglesi.

Dopo via Berthollet l'auto bruciò un giallo aumentando l'andatura, un paio di nigger che stavano smontando un banco del mercato nella piazza li apostrofarono coloritamente.

Sulle strisce pedonali stava passando una bionda da strappare il cuore, sgambettava sui tacchi, sorrideva, parlava al cellulare trasportando una caccia da shopping che sarebbe stata iscritta nel guinnes dei primati. Si girarono tutti e due lanciando un fischio. La macchina proseguì dritta nell'incrocio di corso Vittorio Emanuele Secondo. La bionda aveva i capelli scinitillanti di balsamo e trattamenti, era una pubblicità per parrucchieri venuta male. Il necroforo vide soltanto che saltavano il semaforo rosso, guardò il tachimetro, segnava quasi sessanta all'ora: diede un colpo d'acceleratore per togliersi di mezzo.

La mercedes forzò l'incrocio, prese velocità e centrò in pieno una Twingo verde pisello che procedeva a rallentatore nella via. La macchina francese si ribaltò rovesciandosi su un fianco, la cassa da morto partì come un proiettile dall'alloggio colpendo in pieno la nuca dell'autista. Proseguì la sua corsa attraverso il parabrezza e finì al centro della carreggiata dove incrociò la traiettoria di un ragazzo in motorino. Il ragazzo non riuscì ad evitare l'impatto e venne disarcionato. Poi il feretro si andò a fermare contro un platano del controviale dalla parte opposta della strada. Il rivestimento di noce si era consumato nell'attrito con l'asfalto della sede stradale, lo zinco della cassa fumava come una pentola a pressione sul gas. La bionda era rimasta ferma sulle strisce paralizzata dallo shock. Il cellulare le era caduto a terra e qualcuno continuava a parlare.

– ...Si è presentato con un mazzo di rose e un paio di manette con le imbottiture di peluches! Da non credere!

La punto blu con a bordo gli altri due necrofori arrivò dopo dieci secondi esatti. Inchiodarono appena in tempo dietro alle chiappe della bionda.

Andrea Lazzari, necroforo in nero ed esperto di scommesse, era sdraiato supino sull'asfalto, la sensazione non troppo diversa da quella di essere completamente ubriaco. Aprì gli occhi e sputò un fiotto di sangue, vedeva tutto sfuocato, intorno a lui c'era un gruppo disordinato di persone. Una macchina era rovesciata, il cadavere che avevano recuperato all'ospedale era fuoriuscito dal feretro e sembrava essersi seduto nei parcheggi del controviale. In lontananza gli sembrò di sentire il suono della sirena di un'ambulanza e le grida di qualcuno. Si sforzò di mettere a fuoco e riconobbe la *rubia* che aveva appena visto attraversare la strada. Da quella posizione riuscì a notare che non portava le mutande. Le guardò le gambe, dritte e incazzate, le guardò come si guarda il cielo, sapeva che stava per morire e le stava guardando le gambe. Ma era così scuro sotto quella gonna. Stava diventando scuro anche di fuori. Forse le mutande erano solo trasparenti e lui stava per cambiare opinione. Non ci avrebbe scommesso stavolta.

Le nubi attraversarono il cielo come in un film muto.

Andrea Lazzari non sentiva più la testa, sputava bava, sputava sangue, sputava tutt'e due. Andrea pensò agli inglesi, pensò alla fica bionda della bionda, pensò alla scommessa che gli avrebbe cambiato la vita, pensò alle mani di sua madre e alle rughe che avevano intorno quando stringeva le stoviglie prima di portarle in tavola. Pensò che per il compleanno gli preparava sempre il coniglio al civet e che da quando si era trasferito a Torino non l'aveva mai più mangiato. Poi morì.

Qualcuno gli coprì il volto con la copia di un quotidiano. C'era scritto "Premier aggredito in piazza Duomo. Arrestato un uomo con problemi mentali".

Era il terzo giorno dell'anno.

Anno del signore duemila e dieci.

Prima Parte

All drama is: a man meets a woman

James Ellroy

ESTRATTO DAL RAPPORTO PRELIMINARE NUMERO 50/765
DIVISIONE TORINO CENTRO

[...] il cadavere 80-10768, una donna bianca dall'età apparente di vent'anni, è freddo al tatto e giace rannicchiato in fondo a un materasso gettato a terra, con le gambe e la spalla destra sul tappeto e le natiche sollevate [...] presenta macchie di sangue, e impronte di mani, sui glutei e sulla gamba sinistra. Ha ecchimosi figurate su entrambe le ginocchia e una lacerazione sulla guancia sinistra, vicino al foro d'entrata di un proiettile sparato da distanza ravvicinata. Si notano schizzi di sangue sul muro e sul tavolo esposto a est, vicino alla testa. [...] manca la punta dell'indice sinistro, probabilmente asportata da un proiettile. [...] il cadavere 80-10769, uomo, bianco, circa trent'anni, giace in posizione prona sul materasso di cui sopra (vedi planimetria in allegato). Entrambe le mani sono disposte sotto il corpo, all'altezza della parte inferiore del petto. Sotto il cadavere compare un fucile, il calcio in corrispondenza del collo e la canna rivolta verso il ginocchio destro; l'uomo presenta una lesione d'arma da fuoco sul lato destro del capo, una ferita aperta tra gli occhi e un'emorragia dall'orecchio sinistro. [...] L'occhio sinistro fuoriesce parzialmente dall'orbita. Sul pavimento, accanto ai due cadaveri, sono state rinvenute due cartucce calibro dodici, di cui una esplosa e una inesplosa.

[...] Fino a questo momento non sono stati rinvenuti messaggi. È stato controllato un vecchio registratore di cassette reperito sul luogo con esito negativo. Nessuno si è fatto avanti per fornire dichiarazioni d'intenti o avvertimenti che possano far pensare a ipotizzabili gesti di violenza da parte dei due deceduti. [...]

Firmato e sottoscritto
Ispettore Pietro Anastasi

Volo numero 547, proveniente da Las Americas, Repubblica Dominicana, in arrivo a Torino Caselle

Aveva un borsalino nero.

La frangia dei capelli che le faceva una virgola sotto.

Guardava dritto verso di lui e sorrideva con gli occhi.

Lidia sì; e quel giorno c'era vento.

Perlomeno c'era una bandiera sullo sfondo, tesa verso l'orizzonte. Forse era il millenovecentonovantacinque. Forse no. Era passato tanto tempo. Quattordici anni. Uno dietro l'altro come anelli di una catena. Una catena ancora salda nonostante le notti e i giorni così disparati e diversi da averli persi nella memoria.

Il commissario Paludi, quarantotto anni il giorno dei Santi, ripose la foto là dove era sempre stata. Sulla scrivania. Quindi tornò in cucina.

Sopra al tavolo un dito di polvere, due piatti, due bicchieri, le impronte del passaggio di un gatto. *Trip hop* con la cassa in quattro. La voce nera di una donna che scollava dalla ritmica e arrivava fino al bordo della finestra.

– *Do you know my dream baby?...*

Ma da lì, non riusciva a sentirla. Era troppo lontano. Bastava un passo. Così. E non sentiva più niente.

Allora si dovette sporgere per sentirla ancora.

– *...the dream can I do? Do you know me baby?*

Perché voleva sentirla ancora?

Il lampione dalla strada riusciva a illuminare un ventaglio della cucina. Le macchine passavano con un rumore leggero, appena accennato. Torino era nel torpore di una pioggia sterile. Scendeva monocorde, se ne andava sul grigio. Allora pensò che là di fuori ci doveva essere ancora il mondo. Almeno credeva.

È che a volte Giorgio Paludi, commissario, non era sicuro di niente. La canzone però gli piaceva. Aveva un nonsocché di *dum dum. Du dum.* Un passo in gola che registrava bene le sensazioni. *Dum dum.* Era intonata con quel momento. Per nulla invadente. Come Lidia. Sua moglie. Non riusciva ancora a chiamarla "ex". Non "doveva" chiamarla a quel modo. Come poteva diventare una ex la donna che ha messo su la tua pancia. La donna che ha cresciuto nel ventre tuo figlio, quella con cui hai scelto il suo nome: Michele. E Lidia, sua madre. Con le labbra sottili. Le parole sempre a posto. La sua schiena dritta come una madonna d'oricalco.

– Sai qual era il mio sogno da bambina? – le aveva detto un giorno. – Di incontrare un uomo come te. – Poi gli aveva preso la mano e l'aveva portato in camera. Si erano inginocchiati, le aveva percorso le spalle e segnato il collo con dei piccoli baci. Per lui era una preghiera. Scopava e pregava. Pregava che quel loro mondo non finisse mai.

Giorgio Paludi l'aveva seguita come un bambino dietro a un pallone. Senza meta. Solo nella convinzione che quel posto sconosciuto fosse quello giusto dove essere felici. Che lungo quella strada da percorrere in coppia avrebbe preso a pedate inconvenienti e animali ingordi che ne avrebbero potuto intralciare il cammino.

Il commissario era convinto che esistesse un posto dove non potesse mettere le mani la morte, che non avesse chiavi per la porta che custodiva quell'amore. L'unico che aveva avuto in dono in quarantotto anni. Allora si mise a piangere fino a spegnere la sigaretta. Si raggomitolò sul divano e singhiozzò. Un filo di bava che scivolò sul cuscino come quando sognava. Ma stava solo dormendo. Lo capì in quel dormiveglia, lo capì dal leggero ronzio delle turbine e della portanza delle ali che dondolavano leggermente sfidando una bizzarra legge della fisica.

Lo svegliò la hostess per raccomandargli di allacciare la cintura. Stavano atterrando. La realtà entrò negli oblò. L'aereo percorse una lunga curva da sud sopra Torino, tagliando zenitalmente in fronte alle Alpi. La notte era tersa, le luci vibravano come cristalli, un alone di smog dava una mano di giallo alla nebbia poco sopra le case. Era una notte da fotografare e farci qualche concorso.

Dodici giorni. Le vacanze erano finite. Alla fine a Santo Domingo c'era voluto andare: da solo. Una presa di posizione netta contro la sua fidanzata, una dichiarazione d'indipendenza. Anche se non aveva fatto altro che ubriacarsi, dormire in spiaggia, ancora ubriacarsi e pagare i taxi per farsi riportare a casa. Anzi una sera il taxi non l'aveva trovato e si era fatto accompagnare da un locale che l'aveva caricato su una carriola. Lì per lì c'aveva riso su. Ma forse non era stata un'esperienza troppo nobile. E adesso cosa sarebbe cambiato? Eva l'avrebbe lasciato? O peggio avrebbero litigato per una settimana? Una settimana di dispetti, minestre fredde, punture di spilli, battute acide. L'aereo volava ormai vicino ai tetti delle case, Paludi riconobbe la Reggia di Venaria e l'enorme parco della Mandria. Dodici giorni di vacanza. Dodici anni da quel giorno con Lidia. Un giorno per un anno. La vita mischiava le carte, adombrava sospetti. I sogni diventavano poca cosa se ne perdevi di vista la motivazione sotterranea. Quella che ti vibra dentro da giovane e ti spacca le ossa.

Adesso quell'amore, quel sogno, l'aveva turbato: il volto di sua moglie si sovrapponeva alla faccia di Eva, le rughe si sdoppiavano e l'immagine andava miope e fuori fuoco. Per volerle bene, ad Eva gliene voleva. Ma Lidia era stata la sua vita, suo figlio era un menhir, non si spostava, stava ancora lì come i megaliti di Stonehenge e lui ci confrontava le costellazioni, ci faceva l'oroscopo. Come poteva raggiungere una tale intensità... Farne un altro, di figlio, era escluso. Vivere non gli era mai piaciuto. Tranne in quei giorni d'agosto. Quei giorni d'estate con Lidia in Corsica. Quei pomeriggi assolati sull'unghia nera della spiaggia di Nonza, gli accampamenti sul ciglio della strada con un fornello da campeggio al tramonto. Una pasta da riscaldare sugli strapiombi delle calanques di Porto e il futuro ancora tutto davanti.

Finì d'un sorso la vodka che aveva di fronte e chiuse gli occhi mentre la pista si avvicinava sotto di loro. Il pilota planò e la gente applaudì distrattamente; erano tutti stanchi da nove ore di viaggio. Paludi scese e si sgranchì le gambe a terra. Fortunatamente erano vicini agli arrivi e non dovettero prendere il bus. Avanzò pigramente trascinando il trolley e fumando avidamente una Stop. Guardò il circolo marrone di catrame sulla base del filtro. Va bene. Non era il momento di pensare alla sua relazione con Eva. L'ozio della vacanza gli aveva accatastato troppi pensieri in testa. E indietro non si poteva tornare. Ma perché era così difficile vivere nel presente?

Entrò nel terminal di Caselle e appena oltre la porta scorrevole capì che non avrebbe avuto il tempo di pensarci nemmeno se avesse voluto. Né al passato, né al futuro. Gli venne in mente una stupidata di film che gli aveva propinato la fidanzata alcuni mesi prima, *Sliding Doors*. Pensò a quante cose possono cambiare ogni istante di ogni vita, per un qualsiasi capriccio del caso. Per qualsiasi porta che si apre e che attraversiamo.

Stavolta dietro la porta trovò l'ispettore Pietro Anastasi, pesci ascendente pesci. Era impalato in un impermeabile nero con i polsini lisi da troppi lavaggi a novanta gradi. Aveva il raffreddore e dopo una sfazzolettata provò a mettere in piedi un sorriso. Non gli riuscì. Giorgio Paludi aveva già capito l'allusione. Faceva il poliziotto da troppo tempo. Da tutta la vita.

– Buonasera ispettore. Dov'è il cadavere?

L'ispettore allargò le braccia come a scusarsi. Fece ancora uno starnuto.

Le vacanze erano finite. Dodici giorni e dodici anni. Non c'erano più. Non erano mai esistiti. Il passato non era una terra straniera. Il passato era una nazione senza confini che pretendeva vinti e vincitori su ogni giorno del calendario.

Attraverso San Salvario in una Ford Capri blu targata BYZHR368

La macchina scivolava sulla carreggiata deserta. Torino se ne stava nascosta oltre i marciapiedi a luci spente e serrande abbassate. Analinda si inginocchiò sul tappetino. Lunedì sera d'inverno. Due di notte. Nessuna campana a rintoccare l'ora. Brutta merda essere al lavoro. E poi che lavoro... quello che si era scelto. Come tutti.

I lampioni erano dei fiammiferi di zolfo, il Dio delle centrali elettriche li accendeva con un gesto, bisognava in qualche modo passare il tempo. V. tirò giù la lampo e la lasciò fare. I semafori spuntavano agli incroci intermittenti e asincroni, al giallo chiunque pretendeva la precedenza da ogni direzione, attraversare un crocevia era come partecipare a un rodeo, uomini a cavallo di macchine imbizzarrite.

Al chiosco di panini di Torino Esposizioni non c'era nessuno. Lo spiantato che ci tirava a campare se ne stava appicciato alla stufetta a gas bevendo coca zero da una cannuccia rosa. Analinda continuava a darsi da fare. Aveva attenzioni maniacali per i dettagli. *Sentiva* quello che doveva fare. In ogni momento. Era istinto. Voleva dire essere un animale di razza ed averne la coscienza. Analinda non era come le altre, veniva da un'altra parte del mare. Quella giusta, quella nuova. Aveva gli occhi di vetro e di una qualche pietra preziosa, ma V. non si volle arrischiare sul colore. Nel mulatto della sua pelle i contrasti tardavano, come ombre cinesi, apparivano a lampi, se ne andavano in polvere. Gli lasciavano poche parole da dire e la bocca secca. V. pestò lentamente sul freno e accostò a lato in una traversa di San Salvario all'altezza del mercato di piazza Madama Cristina, al posto di un vecchio disco bar avevano aperto un circolo ARCI che prometteva mostre d'arte e l'ingresso riservato ai soci. Il diciotto passò sui binari sputando uno schizzo d'argento quando incrociò le derivazioni elettriche, sotto alle pensiline del mercato avevano parcheggiato delle macchine per andare a mangiare un kebab da Horas.

V. venne in silenzio ad occhi chiusi, lei strinse più forte e gli fece tremare le gambe. V. contò le contrazioni della prostata: nove. Un brivido gli scese fino al centro della schiena come una scossa. Quando finì la ragazza rimase con la testa adagiata sulle gambe dell'uomo. Lo guardava e sorrideva. Giocava un altro campionato. Poi con serenità prese a cantare un tango che se ne andava in discesa, o forse era un fado: "*En el mundo habrá un lugar, para cada despertar. Un jardín de pan y de poesía*". Lui prese ad accarezzarle dolcemente la testa. Analinda faceva le fusa. Fuori un freddo cane. La pioggia sporcava tutto. Poco futuro per quella merda di paese e lei faceva le fusa.

V. avrebbe anche ucciso.

Per Analinda l'avrebbe fatto.

Aeroporto di Caselle, strada San Maurizio 139, davanti a un campo di erba medica

L'ispettore Anastasi mise in mano al commissario il rapporto che aveva appena stilato. Era incompleto ma decisamente chiaro.

Paludi lo degnò soltanto di uno sguardo e si diresse allo Spizzico dell'aeroporto. Tornò con una bottiglia da un quarto di Smirnoff, ne bevve il collo d'un sorso e la allungò con un fondo d'acqua frizzante. Ne bevve ancora intensamente.

– Mi scusi commissario. Mi sembra un modo di merda per iniziare la giornata...

– Forse mi aspetta una giornata di merda ispettore. Mi faccia un riassunto.

– Due cadaveri.

Paludi fischiò.

– Un uomo e una donna. Lei vent'anni, lui circa trentacinque. Bianchi. Un fucile sul luogo del delitto. Un calibro dodici da caccia. Canna liscia. L'ipotesi più plausibile è che lui abbia ucciso la ragazza e poi si sia successivamente sparato.

– Quando li avete trovati?

– Stanotte.

– Dove siamo?

– Corso Matteotti 26. La cantina nel sottoscala. Palazzo di uffici e studi notarili.

– Nessuno ha sentito o visto niente.

– Centro, commissario.

– Partiamo alla grande. Chi sono?

– È questo il punto. Non ne abbiamo idea.

– Cosa vuol dire non ne abbiamo idea?

– Niente documenti. Nessuna denuncia di scomparsa. Niente di niente.

Paludi lo guardò in tralice. Era stanco. Non ne aveva proprio voglia. Sentiva ancora la sabbia calda di San Cristobal sotto alle palle.

– A chi è intestato l'appartamento?

– È una cantina.

– La domanda rimane la stessa ispettore non mi faccia innervosire.

– Non è intestata a nessuno.

Paludi diede un'altra poppata alla Smirnoff. Certo a nessuno. Sennò l'ispettore non sarebbe lì a farglielo a pezzetti di ritorno dalle vacanze. Era un cazzo da pelare con i guanti. Ma d'altronde se l'era cercata, poteva anche non chiedere il trasferimento all'investigativa e rimanere a fare autoerotismo davanti ai dvd della buoncostume. Fanculo la promozione e fanculo quel maledetto caso di via Montebello che aveva destato tanto clamore. Un caso che aveva risolto in pompa magna, con gli onori della cronaca cittadina. Arresti eccellenti, bombe e morti ammazzati.[1] Nel frattempo erano arrivati alla macchina dell'ispettore Anastasi, una vecchia Delta integrale con lo scarico centrale. Paludi si mise a ridere.

– Che ci trova da ridere? Non le piacciono le macchine sportive? Questa qui ha vinto sei campionati del mondo di rally uno in fila all'altro.

---

[1] Vedi *Giorgio Paludi, 44 anni il giorno dei Santi* di Fabio Beccacini, Fratelli Frilli Editori, 2008.

– Ispettore, avrà anche vinto sei campionati del mondo consecutivi ma con le multe non mi pare che se la cavi altrettanto bene.

La prese in mano.

– Trentasei euro. Le hanno appena fatto una contravvenzione per divieto di sosta.

L'ispettore era una persona educata e non bestemmiò, diede solo un calcio a una fioriera piena di brina.

Guidò in silenzio per un lungo tratto, superò il raccordo autostradale e la tangenziale nord. Arrivati in corso Grosseto rimasero impantanati nel traffico, c'era una colonna di almeno cinquecento metri che intasava tutta via Stradella. La maggior parte degli automobilisti non trovava niente di più interessante da fare che strombazzare con il clacson e mostrare ai vicini di coda il catalogo aggiornato delle imprecazioni torinesi. *Porco due. Minchia zio fa.* L'ispettore Anastasi sbuffò.

– Posso almeno chiederle come sono andate le vacanze commissario?

Paludi aprì la portiera e scese dall'auto in mezzo alla fila di macchine.

– Proseguo a piedi. Ho bisogno di camminare.

Anastasi rimase immobile alla guida. Paludi riusciva sempre a sorprenderlo; non c'era niente da fare. Gli bussò al finestrino.

– Mi dia quel rapporto. E un paio di sigarette, le mie le ho finite.

– Dove ci vediamo?

– In cantina ispettore. E porti il vino.

Onoranze funebri Abu Simbel, corso San Maurizio 45

Muoriamo in continuazione e non ce n'accorgiamo.

Poi quando è finita ci sembra troppo. Troppo presto e troppo poco. Perché c'è una certa stupidità nella morte, un'assurda concezione che possa essere arrivata all'improvviso, subito, senza avvisi né cartoline di presentazione. Senza darci il tempo utile per tirare le somme e raccontare l'ultima bugia, il canto del cigno che possa dare un senso postumo alle attività che maniacalmente, ogni giorno, abbiamo svolto.

Preparare la minestra, cambiare lo spinterogeno, fare benzina, baciare tua figlia, ordinare la pizza da asporto quando il frigo è vuoto, camminare per ore, dormire sei ore al giorno, lavorarne dodici, amori e cani, staccare assegni, pagare tasse, scommesse perse, scommesse che credevamo di avere vinto, tradire uno sconosciuto per tornaconto personale, tradire la fiducia di una persona cara, tradire se stessi. E il frigo vuoto come l'anima. Le prediche dei preti nella chiesa deserta e quelle dei professori: tuo figlio non studia. Tuo figlio è uno stronzo, tua moglie ha partorito un coglione. E tu, suo padre, non sei da meno. Allora regalale dei fiori, va a pisciare la notte contro il muro della casa che hai costruito con tanto amore, allora ritorna da una serata al bar all'angolo con gli amici maledetti di sempre, ricordati di alzare la tavoletta quando torni, non fare rumore, tira la catena, usa lo spazzolone. Lavati i denti – *Vorresti tanto avere il tempo di riguardarti tutta la serie di* Twin Peaks, *vorresti avere il tempo di far del male a qualcuno* – Facciamo una tale quantità di azioni banali, ora dopo ora, ci facciamo aprire il culo in due per dei desideri così miseri. Desideri da supermercato, da montare con le istruzioni dell'IKEA come dei fottuti letti a castello. Mica siamo imperatori. Non siamo nemmeno nobili nelle ambizioni. La scherma la guardiamo in tv ogni quattro anni alle olimpiadi.

Cosa sogniamo? Soldi? Fama? Sesso? Potere? Quasi tutti non hanno niente, qualcuno ha qualcosa, pochi hanno tutto quanto per un battere d'ali. Ma tanto, poi non ci sta niente qua dentro.

Le donne spaccano i vasi contro i muri e gli uomini bevono come cammelli. Non è facile vivere. I cimiteri sono sempre pieni di individui dalle belle speranze, le mamme dei cretini gravide come storioni, il tempo ci rovina le vacanze, il mutuo ce lo siamo fatti da soli e non abbiamo i soldi per pagarlo. Gli stranieri ci fottono le macchine, ci clonano il bancomat, ci spaccano i parabrezza, ci dormono nel bagagliaio. Gli stranieri ci portano le puttane per passare la serata e muoiono stipati sulle zattere mentre tentano di attraversare il mare.

Ma a me, a me, non interessa nulla.

Da qui non mi muovo mai. Il mio negozio è il mio castello. Qua. *Il mio regno per un cavallo*. Chi l'aveva detto? Non è interessante. Tutto è iniziato molto tempo fa e l'ho creato dal nulla. Non ho bisogno di niente. Voi sì. Forse è vanità ma tutti voi avete, avrete, bisogno di me.

Io sto seduto. Qui. Alla scrivania. Da undici anni. Guardo avanti, spalle dritte, stesso ufficio, solita finestra. La Mole Antonelliana fuori dal palazzo. Sta lì da centocinquant'anni, sogno surreale di un ingegnere onirico. È ancora un indice semiotico nella topografia di Torino, potente cortina fittile che fa da paravento alla nebbia. Però mi piace, con quel suo profilo folle e ardito, spesso piena di cielo; o di nuvole.

Una volta era l'edificio in muratura più alto del mondo. Ma nel '53 quaranta metri di guglia crollarono nel giardino della Rai. L'hanno rimessa su con delle stampelle d'acciaio e ne han fatto l'alcova della storia del cinema. Con il suo museo di kinetoscopi e cianfrusaglie ottiche, attira frotte di turisti che mettono il naso nel reggiseno di Marilyn, nel mantello di Superman, passeggiano sotto il Moloch di Cabiria davanti agli elmetti di *Guerre Stellari*... Ma prima o poi qualcuno suona. Prima o poi qualcuno bussa piangendo. Allora faccio le mie più care condoglianze, e con la mano ferma, la mia stretta decisa; contratto sul prezzo – tutti contrattano sul prezzo – e riempio i miei cari mobiletti.

Tutti hanno bisogno di me. Allora sì sono un nobile, un imperatore. Con uno sguardo passo in rassegna le casse, le guardo con rispetto.

Le mie casse da morto.

Io vendo feretri, monili di un altro mondo.

Dentro ci vanno a finire gli uomini, le donne, i bambini. I preti, i tabaccai.

Dentro ci va a finire il presidente degli Stati Uniti.

Una cantina, via Matteotti numero 26, condominio Morgan

Il commissario arrivò sul luogo del delitto che ancora l'ispettore non si vedeva. Non faceva propriamente freddo, ma l'umidità eccessiva accentuava la percezione della temperatura e la incollava sotto i vestiti come una calza a maglia. Paludi si ricordò di non avere ancora acceso il cellulare da quando era sceso dall'aereo. Ecco perché Eva non si era ancora fatta sentire. Durante tutta la vacanza ai Caraibi l'aveva elargito di un ironico "divertiti" il giorno della partenza, poi nulla fino ad allora. Appena arrivato aveva anche provato a chiamarla per dirle che il viaggio era andato bene, faceva caldo, l'albergo era un formicaio, una ragazza pelle e ossa vendeva *manì* sulla *carretera* e c'era pieno di froci che facevano i guardoni nascosti nei giardini. Insomma era tutto a posto. Ma aveva dovuto dirlo alla segreteria telefonica.

In via Matteotti era l'ora della pausa pranzo, gli avvocati e le segretarie uscivano a frotte in direzione dei bar disseminati come trappole su corso Re Umberto, via Avogadro e San Quintino. C'era l'inaugurazione di una mostra sui fumetti di Vittorio Giardino alla Galleria d'Arte Moderna e s'intravedeva anche qualche intellettuale tirato a lucido. Il commissario si concesse un caffè lungo e un club sandwich. Notò subito che l'avevano preparato con il cotto in luogo del tacchino, ed altrettanto subito notò che iniziava a litigare con il quarto di vodka che si era tracannato al mattino. Ne buttò mezzo nell'immondizia e uscì a prendere un po' d'aria con la sigaretta penzoloni. L'ispettore arrivò cinque minuti dopo. Parcheggiò la Delta, consultò l'orologio e andò a mettere gli spiccioli nel parchimetro. La lezione gli era servita.

L'ispettore era fatto così. Subito si era arrabbiato per la seccatura della multa, ma un minuto dopo i sensi di colpa per aver trasgredito ad un regolamento avevano prevalso.

Si scambiarono un paio di battute avviandosi verso lo stabile. Al citofono dovettero faticare con una portinaia evidentemente sorda dalla nascita per poter accedere al seminterrato.

Era un edificio signorile, la placca del citofono era dorata come una pala d'altare barocca, i cognomi erano illuminati da un led azzurrino secondo la moda piccolo borghese della capitale sabauda. Il commissario li contò. Erano ventotto interni, disposti su tre file, le due laterali da nove e la centrale da dieci. L'atrio era ampio e luminoso, una donna delle pulizie stava passando il mocio, era sudata, aveva i capelli unti legati in una treccia. Si era tinta di rosso, forse con l'henné.

L'ingresso del palazzo era talmente grande che vi si sarebbe potuta organizzare una partita di pallavolo. In fondo una doppia porta a vetri, arabescata in stile liberty, dava sul cortile dove erano parcheggiate una buona teoria di biciclette.

L'ispettore condusse Paludi verso le scale. Discesero di un piano e si trovarono di fronte a una porta semi accostata che consentiva l'accesso al piano delle cantine. Al di là partiva un lungo corridoio che poi svoltava a novanta gradi sulla destra e ancora dopo un breve tratto di nuovo a novanta sullo stesso lato costeggiando il perimetro del cortile condominiale. Paludi contò le porte. Erano trenta. Poi tornò indietro dall'ispettore.

– Ce ne sono due in più.

Anastasi scrollò il capo

– No commissario. Nella numero due ci sono i contatori dell'energia elettrica e nella tre il locale caldaia.

– Più ventotto fa trenta. I conti tornano. Qual è quella non accatastata? E perché non vedo i sigilli su nessuna porta?

Anastasi spinse la porta del locale caldaia ed entrò seguito dal commissario. La caldaia era accesa, il bruciatore soffiava pigramente. I vasistas, in alto verso la cesura del solaio, davano sul cortile del palazzo. Un paio di estintori erano correttamente posizionati sulla parete. Il commissario si avvicinò, l'ultima revisione era stata fatta due anni prima. Paludi non stava capendo molto, poi vide la porticina sul retro della caldaia. Era parzialmente coperta da una stuoia impolverata gettata a terra, dovevano averla usata per occultare sommariamente l'apertura. L'ispettore si fece avanti.

– Chi li ha trovati?

– La portinaia.

– Quella sorda?

– Sì.

– Ma se nessuno sapeva dell'esistenza di questa stanza, come se ne è accorta la signora? Sicuramente non avrà sentito qualcosa.

– Stava spazzando il cortile. Si occupa anche di piccole cose domestiche oltre al servizio di portineria.

– E...?

– E dice di aver sentito l'odore provenire da una delle finestre.

– Era aperta?

– No. È infranta.

– Da quanto sono morti ispettore?

– Non lo so. Lucentini dovrebbe esaminarli in mattinata.

– Insomma puzzavano o no ispettore?

Anastasi ci pensò su. Poi dovette ammetterlo.

– No.

– E allora non le è sembrato strano che la signora se ne sia accorta per via dell'odore?

Anastasi sorrise come un concorrente a un telequiz che sa di avere in tasca la risposta giusta.

– No commissario. Non erano i cadaveri a puzzare.

Paludi si stava spazientendo. Tirò fuori una sigaretta e l'appizzò. Poi si ricordò di essere nel locale caldaia e la spense strusciandola contro il muro.

– E cosa allora?

L'ispettore tagliò il sigillo e aprì la porta.

– Non erano quei poveri disgraziati a puzzare, commissario.

Li indicò.

– Erano *questi*.

Via Pisa 42, casa di ballatoio con servitù di passaggio

Solaris l'aspettò per morire. Aveva giusto alzato la testa dal cuscino sulla sedia quando era entrata e tentato un timido miagolio, poi aveva stirato le zampe verso il tepore del radiatore lì a fianco e si era messo a dormire.

Miriam si accorse che il suo soriano non le avrebbe più fatto compagnia quando aveva preso la scatoletta dei croccantini e l'aveva fatta rumorosamente suonare. Solaris non era scattato in piedi, niente fusa né strascichii sulle gambe, niente pelo che rimaneva sui pantaloni e poi *a voglia* darci di spazzola. Il suo vecchio micio, vecchio di venti inverni, estati, autunni, e ogni primavera della sua vita da quando lei aveva compiuto quattordici anni se n'era andato dopo averla vista ancora una volta. L'ultima.

Miriam non lo toccò – non osava toccarlo – le sembrava forse che lasciando perdurare quell'immagine potesse allungargli la vita perlomeno nel mondo degli uomini.

– Solaris, gatto pagliaccio che mi combini.

Miriam si inginocchiò di fronte a lui, aveva il solito odore forte di gerani. Non aveva perso l'abitudine di passeggiarci dentro. Quanti gliene aveva fatto seccare! Qualche volta si era preso anche un sacco di botte perché effettivamente non si era limitato solo a farci un bella camminata. Le lacrime le salirono all'orlo.

– Solaris matto, adesso che gli racconto a Niky.

I figli cambiano la vita. Sua madre quante volte gliel'aveva ripetuta quella frase? Ma le cose si imparano solo con l'esperienza. Gli esseri umani non sono fatti per la teoria. Miriam se ne accorse anche quella volta. Non sapeva come raccontare alla figlia che il loro amico a quattro zampe non ci sarebbe più stato, che ne avrebbero preso un altro, ma non sarebbe stato quello. Non avrebbe avuto una macchia di alopecia sulla pancia da cui si poteva intravedere la pelle perfetta e rosa. Già, Solaris aveva avuto troppo sonno.

Miriam guardò l'orologio a parete, era fermo sulle sette e dieci. Poi d'istinto guardò la lavagnetta, c'era scritto "pila per orologio". Già. Ancora. Ma non ebbe il tempo di controllare l'ora sul cellulare che squillò il citofono. Due volte. Una lunga e una corta. Il segnale convenuto. Era la portinaia che gli mandava su il suo piccolo diavolo. Miriam si accostò alla porta di casa e l'aprì di un soffio per non fare entrare l'aria fredda e umida del vano scala. Il giorno che arrivava la bolletta del riscaldamento era sempre una brutta giornata.

Probabilmente Niky aveva preso una bella sgridata dalla maestra, all'asilo: non stava facendo gli scalini di corsa come suo solito, se ne saliva lentamente e rasente al muro. Nicole spuntò al pianerottolo con la corona di capelli riccioli scuri tutti scompigliati, e la fascetta rosa – Pink! Come la pantera – diceva lei, – e come la cantante – alla testa.

– Sono raffreddada.

E se ne entrò in casa. Miriam la seguì nel piccolo soggiorno. Nicole lasciò la giacca sul tappeto e corse a sdraiarsi sul letto. Avevano una sola stanza, per cui dormivano assieme in un letto matrimoniale, ma il lato della figlia era facilmente riconoscibile pieno zeppo com'era di pupazzi e peluches d'ogni sorta. Miriam tastò la fronte della bambina. Scottava. Non era solo raffreddore doveva essersi presa una bella influenza. Sperava soltanto che tutte le cose che stavano dicendo in giro sui giornali e alla televisione in merito al nuovo virus stagionale fossero soltanto falsi allarmismi. L'aiutò a spogliarsi e mettersi il pigiamino, la mise sotto le coperte senza troppa fatica.

– Ce la misuriamo la febbre, angioletto?

Nicole fece un adorabile broncio e Miriam desistette subito.

– Ok. Adesso ti fai un bel sonnellino.

La bimba assentì con il capo.

– Buonanotte mamma.

– Buonanotte spennacchiotto.

– Miriam controllò che la figlia fosse ben coperta e poi inserì la luce notturna nella presa e si avviò verso la cucina.

– Mamma...

– Sì?

– Non ho detto buonanotte al gatto pagliaccio.

Miriam ebbe un piccolo sobbalzo al cuore al pensiero di Solaris ancora acciambellato sulla sedia sotto al tavolo della cucina. Avrebbe dovuto dirglielo prima o poi. O forse no. Forse certe cose non bisognerebbe mai dirle.

– Gliela do io la buonanotte al gatto pagliaccio. Dormi adesso.

Miriam chiuse la porta e si sedette per terra a gambe incrociate. Sopra le mensole della libreria c'era un dito di polvere. E anche sul televisore, sul tavolino, sulla scarpiera.

Polvere dappertutto. Era una settimana che non aveva nemmeno il tempo di fare i lavori di casa. A volte si chiedeva quale fosse il motivo per cui viveva. Ma la risposta ce l'aveva alle proprie spalle. Sua figlia si era già addormentata. Lo poteva riconoscere dai respiri che si erano fatti più lenti. Un fiato alla volta sempre più distanti verso il mondo dei sogni.

Nella stanza-deposito del condominio Morgan, via Matteotti numero 26

Giorgio Paludi prese a tossire e represse un conato di vomito. L'odore era qualcosa di incredibile, bucava i polmoni come la puntura di milioni di spilli, sembrava che un intero caseificio se ne fosse andato in malora da un decennio. L'ispettore fece scattare l'interruttore della luce, un neon corse per tutto il soffitto tagliandolo in due. La stanza era più grande di quello che ci si poteva aspettare, un rettangolo lungo almeno sei, sette, metri e largo quattro. In una fila ordinata lungo le due pareti maggiori c'erano degli scaffali contenenti circa una ventina di acquari. Gli acquari erano pieni di pesci.

– Entriamo.

Paludi si avvicinò con circospezione, pigiandosi con forza un fazzoletto sulle narici. I pesci sembravano tutti della medesima razza e stavano sul pelo dell'acqua a pancia in su. Erano morti.

Il commissario si guardò attorno. A terra erano disegnate le sagome dei due cadaveri, del fucile e dei bossoli rinvenuti. Vicino a un materasso sozzo a righe bianche e marroni la linea della donna, poco distante quella dell'uomo. Al centro della stanza tra le due file di scaffali c'era un tavolaccio di cavalletti da imbianchino e assi da impalcature. Sopra un secchio con delle frattaglie e una serie di coltelli puliti posizionati sopra ad un asciugamano. In fondo alla camera sul lato breve era buttata la rete con il materasso. Il commissario indossò i guanti di lattice e prese uno dei coltelli, non ne aveva mai visto fatti in quel modo, avevano l'impugnatura breve e la lama sproporzionatamente lunga che terminava in un punta stretta come quella di una freccia.

– Voglio sapere che razza di pesci sono. Ne porti uno ad analizzare.

– Mi sono già permesso di farlo commissario. Ne ho fatto recapitare un paio in una borsa termica a un'itterologa che collabora con noi.

– Immagino che se non ha problemi di fegato sia un'ittiologa. Metta uno di questi coltelli in una busta e lo archivi.

Nel frattempo un gruppetto si era radunato all'ingresso del locale caldaia. Un signore in giacca e cravatta tossì per attirare l'attenzione e avanzò verso la stanza dove stazionavano Paludi e l'ispettore. Il commissario gli andò incontro.

– Non ci pensi nemmeno ad entrare qua dentro. Stia fermo lì.

L'uomo si bloccò con una faccia disgustata. Aveva una spilla con tre lettere appuntata sul taschino. IHZ.

– Non ci verrei nemmeno pagato lì dentro, non si disturbi. Volevamo solo farvi notare che qui c'è un puzza incivile. Siamo un palazzo rispettabile. – Gli altri assentirono con partecipazione. – Dal cortile salgono olezzi nauseabondi fino al mio ufficio. Io lavoro con clienti di grande levatura e...

– E chiuda la finestra così risparmia sul riscaldamento. Quando il magistrato darà disposizione di rimuovere le attrezzature della stanza sotto sigillo, manderanno anche qualcuno a ripulirla. Stia tranquillo.

Il tizio si tolse gli occhiali e iniziò a strofinarli con una pelle di daino. Aveva l'aria di uno abituato a lustrare tutti quelli che si trovava di fronte come palle da biliardo.

– Dovrebbe essere un minimo più accondiscendente con me, forse non sa con chi sta parlando. Io pretendo che questa puzza finisca all'istante!

Da dietro arrivarono parole di approvazione. Il commissario Paludi si avvicinò per sedare l'insurrezione.

– Qua dentro caro signore abbiamo trovato due cadaveri. E visto che siete così solerti nel voler dare una mano a rintracciare i colpevoli domattina vi voglio tutti in commissariato alle nove in punto. E per tutti intendo tutto il palazzo nessuno escluso. Inquilini, gente che ci lavora, parenti e amanti.

Detto questo diede le spalle, rientrò nella stanza e chiuse la porta.

– Ispettore, prepari un avviso e li faccia convocare personalmente tutti quanti. Voglio sapere chi è che usava questa stanza e perché lo faceva.

Da dietro gli infissi si sentì ancora apostrofare. "Lei non ha idea di chi sono io".

Anastasi era paonazzo.

– Che le prende ispettore?

– Temo che il notaio abbia ragione. Forse era meglio usare più tatto. Magari può crearci dei problemi, non vorrei che...

– Stia a sentire Anastasi. Tre anni fa ho arrestato il questore di Torino. Ricevo minacce un giorno sì e un giorno no. Mio figlio mi viene a trovare due volte all'anno perché ha paura di vivere nella mia casa. Ho perso molte cose per via della mia professione, ma non per questo ho mai smesso di fare questo lavoro e agli stronzi come il notaio Terminati gli caco in testa con molta partecipazione. Lei piuttosto si sbrighi a fare quelle dannate convocazioni telefoniche. Se proprio vuole, lasci stare le "amanti".

Paludi non attese repliche e uscì dal locale caldaia a fumarsi una sigaretta. Ne aveva un dannato bisogno. Cercò di calmarsi. La rabbia gli mordeva l'ulcera. A volte trattava l'ispettore troppo duramente, come fosse un bambino. Ma lo faceva con tutti. O era supponenza o eccessiva determinazione nell'affrontare la vita. Di difetti ne aveva, anche troppi, ma ora, a quarantotto anni non tentava più nemmeno di smussarne gli angoli. Ma glielo aveva sempre detto anche la sua fidanzata, gli uomini li puoi cambiare soltanto se hanno il pannolino.

Attraverso San Salvario in una Ford Capri blu targata BYZHR368

Il suo corpo.

Lo cura come un bonsai.

Lo accarezza, lo educa, lo punisce.

Le mani la seta, il volo e la morte, le gambe il giorno, gli occhi il giorno e la notte. Analinda puttana. Analinda la santa.

V. l'aveva fatta scendere poco distante da casa guardandola ancheggiare lungo il *barrio*. San Salvario. L'aveva sempre chiamato così. Il *barrio*. Il cuore sporco di Torino. Ristoranti etnici, trans, mercatini, negozi di cianfrusaglie orientali, rumerie alla moda, scarperie da troie. Un giorno sarebbe arrivata la fermata della metropolitana, e forse nuove immigrazioni. Alcuni studenti vivevano in zona da tempo mischiandosi agli extracomunitari, ai clandestini e agli irriducibili vecchi di ogni quartiere di ogni città. Quelli che non abbandonerebbero le loro radici e la loro casa umida per niente al mondo.

I prezzi degli immobili stavano ancora su, forse la vicinanza con il centro e l'inaugurazione del nuovo tratto della sotterranea li avrebbe ancora spinti per qualche anno; c'era un certo fermento nel quartiere. *Quartiere*, un piccolo cuneo stretto tra il sedime della ferrovia a lato di via Nizza e il polmone del Valentino, il parco che striscia lungo il Po.

V. abitava poco distante in una zona più tranquilla e meglio frequentata, ma gli era sempre piaciuto mischiarsi tra quelle schiene. Era dalla contaminazione che nasceva la vita, sono gli incontri inaspettati che fanno fiorire nuovi innesti. Non aveva mai avuto dubbi. Evitare il contagio era come stare in un ospedale, sicuro, asettico. Ma qualcosa di troppo vicino a morire.

Analinda spinse un vecchio portone di legno sotto alle impalcature. Stavano rifacendo la facciata del palazzo godendo dei nuovi incentivi regionali per i centri storici. La guardò salire le scale, ad occhi chiusi. Immaginò i suoi passi, la mano incollata alla ringhiera, il rumore dei tacchi in verticale sui vecchi gradini, i muscoli delle natiche che spingevano sotto l'orlo della gonna, i capelli che le dondolavano sulla schiena. Quando era nuda non poteva fare a meno di prenderli in una mano e tirarle la testa all'indietro. Vederla in suo possesso. Domarla. Dovette fermarsi e prendere fiato.

La sua storia con Analinda andava avanti da sei mesi. Non era mai stato legato con nessuna così a lungo. V. non ne aveva la maturità, era questione di allenamento, era come camminare su un sentiero da capre lungo uno strapiombo. Stava seguendo la sua bellezza su un crine, l'avidità l'avrebbe prima o poi annientato.

Aprì una piccola scatoletta argentata che aveva nel cappotto, fece una breve striscia sul cruscotto e la tirò così, senza banconota. Il cuore gli partì con un rimbalzo. La via diventò bianca e illuminata per un istante, poi tornò la notte e Torino rimise la maschera. Un tunisino che l'aveva visto sniffare si avvicinò al finestrino. V. fece scattare la chiusura centralizzata e tirò giù il cristallo di qualche centimetro.

– Tutto a posto?

– Bella domanda del cazzo.

– Come?

V. fece riscattare la chiusura centralizzata.

– Cos'hai?

Il ragazzo fece un passo indietro e lui lo guardò. Aveva una giacca a vento con una scritta lungo il braccio. *Fall'N'*

Rise. Sotto indossava una felpa con il cappuccio. Non riusciva a capire se fosse armato o meno.

– Sta a sentire. Hai merda o roba buona?

– Ehi, lascia stare.

V. fece scivolare fuori dalla tasca un portafoglio americano ne estrasse dalla spilla una banconota da cinquanta e un paio da venti. Il ragazzo si appressò di nuovo alla macchina.

– Capo. Ho roba buona.

– Quanto l'hai tagliata?

– No, mica taglio...

– Sta a sentire. Mi hai preso per un coglione? Dimmi quanto l'hai tagliata e non pigliarmi per il culo, voglio della coca e voglio essere sicuro che non sia merda.

Il ragazzo ci mise due secondi per decidere

– Ok. Ne piglio tre pezzi e ne faccio quattro con la Milupa, quella per i bambini.

– Almeno di corpo ci vanno regolarmente. Diciamo che pigli uno e ne fai due.

Annuì. Un diamante di plastica incollato a un canino baluginò dalla curvatura dei denti.

– Va bene. Quanto vuoi?

– Settanta.

V. aprì le banconote a ventaglio giocando la sua mano. Il ragazzo abboccò.

– Con novanta te ne do due.

– Bravo ragazzo. Farai strada. Valla a prendere.

Il tunisino non provò a chiedergli un anticipo, V. non era un cretino.

– Aspettami. Arrivo subito.

V. fece un cenno di assenso e accese la radio. Nada, *Ma che freddo fa*. Il tipo si allontanò. V. alzò il volume e tolse le chiavi, poi scese dall'auto lasciando il finestrino laterale leggermente aperto. Lo seguì tenendosi sul lato opposto della strada e facendo attenzione a non avvicinarsi troppo. Alla fine di via Galliari il ragazzo svoltò in via Saluzzo e passò davanti al comando dei Vigili Urbani. V. si fermò dietro l'angolo e contò fino a cinque. Poi si affacciò sulla strada. Il tipo si accovacciò vicino alla fioriera del dehor di un bar. C'era una capannello di ragazzi che chiacchieravano passandosi uno spinello e non gli diedero attenzione. Lui prese un pacchettino fasciato in un sacchetto della Standa. Non fece in tempo ad aprirlo che una volante incrociò lungo l'isolato in direzione della stazione dei treni. Il tunisino si mise il sacchettino in tasca d'istinto, rintanandosi nell'androne di un palazzo. V. sorrise. Era una serata fortunata.

Lo prese alle spalle senza nemmeno premurarsi di mettergli una mano sulla bocca. I tipi così sono abituati a stare zitti. Gli piantò la pistola tra le spalle. Il pusher lasciò cadere il sacchetto con la coca a terra senza farselo chiedere. V. lo perquisì distrattamente, non sembrava armato.

– Ok. Mani sulla testa e dai un calcio al sacchetto.

– Chi sei?

– Fai un'altra domanda e ti apro un nuovo buco del culo.

Il ragazzo valutò la possibilità.

– Di merda ne faccio abbastanza con un solo.

Il pusher si voltò, V. rise, l'ironia gli faceva sempre piacere, gli diede la mano. Il ragazzo la prese, V. la strinse e lo tirò a sé. Gli diede una testata sul naso, il tipo stramazzò a terra senza fiatare. Una piccola goccia di sangue gli fluì dal naso.

– Coglione.

V. controllò che non se lo fosse rotto. Poi lo perquisì sommariamente, non aveva portafogli, né uno straccio di documento. Soldi non ne trovò. Solo una collanina d'argento con un ciondolo a forma di coniglietto. Lo prese.

I trofei gli erano sempre piaciuti. Celebravano il lato in ombra delle sue giornate. Lo guardò sdraiato sul pavimento.

Un altro clandestino a sbarcare il lunario. Povero cristo. Gli mollò una banconota da venti. V. non aveva nulla contro di lui. Si erano solo incrociati nella giornata sbagliata.

Chiuse il portone e lo lasciò in fondo alle scale. Nel sacchetto della Standa c'erano giusto un paio di pezzi e una stecca da cento di hashish. Arrivò alla macchina che ancora Nada stava cantando.

"*È s'alza il vento, un vento freddo, come le foglie le speranze butta giù...*".

V. entrò in macchina e spense la radio. Il seguito della canzone non gli interessava. Il seguito non avrebbe mai voluto sentirlo. E ancora rimettendo in moto, pensò per la millesima volta nella giornata ad Analinda.

Analinda la *puta*, Analinda la santa.

La sua *puta*, la sua santa.

Via Matteotti 26, atrio del condominio Morgan

Il commissario Paludi e l'ispettore uscirono nell'atrio per prendere una boccata d'aria e mettere in fila il caso. Aveva appena smesso di piovere, erano le due di pomeriggio del tre di novembre, non avevano ancora inventato un modo per diventare intelligenti e l'inverno doveva iniziare.

Il commissario Paludi chiuse gli occhi. Pensò al mare.

Era stanco. Stanco del viaggio. Stanco di pensare a Lidia e alla sua fidanzata. Stanco della vacanza. Stanco per andare a casa. Era l'esatta definizione di stanchezza. E ora si doveva occupare di due morti. Così.

– Ripetiamo tutto daccapo. Anche i dettagli.

– La signora Benedetta Conte, originaria di Putignano, provincia di Bari, sorella di Conte Raffaele proprietario di una conceria fallita nel dopoguerra...

– Ispettore ho detto i dettagli, non il romanzo.

Anastasi non lo ascoltò perseverando.

– ...ha l'abitudine di svegliarsi presto, fa colazione e inizia la sua attività di portinaia pressappoco alle 5.45. Come prima cosa fa una sorta di perlustrazione del palazzo. Controlla le scale, il cortile e poi le cantine.

– Da quanto.

– Lo fa da trentacinque anni. Ogni giorno. Non ha giorni di riposo. Vive per il palazzo. Arrivata in cortile sente una strana puzza provenire da un angolo dello stesso e si rende conto avvicinandosi che proviene dal vasistas infranto di una delle cantine. Appurato ciò si attiva immediatamente. Solo che...

– Solo che il padrone della cantina non lo trovano perché nessuna delle cantine che si affacciano su quel lato di cortile ha le imposte rotte.

– E siccome il palazzo non confina con nessun altro stabile qualcuno inizia a farsi delle domande. La signora chiama i vigili che arrivano sul luogo circa un'ora dopo, alle... – consultò gli appunti su un taccuino – ...un quarto alle nove. I due non riescono a risolvere la questione finché qualcuno non chiama l'amministratore che arriva con la piantina del palazzo.

– E trovano una stanza segnata sulla mappa di cui "nessuno" sembrava a conoscenza. La stanza viene localizzata come quella adiacente al locale caldaia, intervengono le forze dell'ordine e la stanza viene trovata e conseguentemente aperta.

– Va bene. Fermiamoci un istante.

Paludi sbuffò e riprese il resoconto.

– I due morti non hanno documenti e nessuno ne ha denunciato la scomparsa. Secondo i primi accertamenti sembrerebbe un omicidio-suicidio. Prima l'uomo ammazza la ragazza e poi si toglie la vita.

– È corretto.

– E allora perché non aspettiamo l'eventuale conferma dell'autopsia archiviando il caso come un omicidio a carico di un ignoto?

Il commissario Anastasi guardò in alto, una signora dell'ultimo piano stava battendo i tappeti. Poi ripeté la domanda.

– Perché non archiviamo allora?

– Perché troppe cose non quadrano. E finché non c'è qualcuno che mi viene a testimoniare che il ragazzo era in cura da uno psichiatra, soffriva di depressione, nonché la fidanzata gli faceva le corna e lui l'ha ammazzata in preda a un raptus passionale; io non credo a niente. Nemmeno al fatto che questi due siano morti, visto che non hanno un nome.

– E in ogni caso direi che nessuno si premurerebbe di nascondere dei pesci in uno scantinato se non ce ne fosse un motivo.

Il commissario guardò negli occhi Anastasi.

– Stai migliorando.

– In che senso commissario?... non si direbbe per ora.

– *Tu* stai migliorando Anastasi. È un po' che non ti addormenti più in servizio.

L'ispettore sorrise, era narcolettico da sempre, e il commissario l'aveva coperto più di una volta. Gli doveva il lavoro e lo stipendio. Sì con la nuova cura tutto si stava risolvendo per il meglio. Non si era più addormentato in servizio e gli rendeva la vita decisamente più facile.

– Sì anche in famiglia è tutta un'altra storia. Finalmente mia moglie può fare affidamento su di me.

Gli sorrise e Paludi accettò l'offerta. Poi tornò a guardare dentro la stanza attraverso il vasistas.

Pensò che non sentiva la sua ex moglie da quasi due anni. Le notizie che gli arrivavano erano tutte attraverso le parole del figlio le rare volte che veniva a trovarlo. Da quando aveva saputo che Lidia si era trovata un nuovo uomo, non aveva più voluto sentirla. Ora si avvicinava il Natale e come sempre lo metteva a disagio. Lui credeva di non chiamarla per lasciarle tutta la libertà di rifarsi una vita. In realtà non riusciva a sopportare l'idea che le cose tra due persone potevano finire a quel modo quando c'erano dei figli di mezzo. Paludi si ricordò ancora di Eva. Si vedevano ormai da anni, non poteva dimenticarsene così. O meglio non aveva ancora trovato il tasto che permetteva di cancellare le persone. Tastò nelle tasche del soprabito e recuperò il cellulare. Lo accese. L'icona dei messaggi SMS lampeggiava. Ce n'erano due. Una chiamata persa da un collega di lavoro e un messaggio di Eva. Aprì quest'ultimo con un certo timore. Tirò ancora la sigaretta. Poi si costrinse a leggerlo: "Ciao amore. Buon compleanno! Stasera ti passo a prendere a casa tua alle 9. Non voglio scuse! Ti amo tanto".

Giorgio Paludi, quarantotto anni il giorno dei Santi, ingoiò un altro uovo sodo.

– Che giorno è oggi ispettore?

– Il tre di novembre. Perché?

– Perché l'altro ieri ho fatto quarantotto anni e non me ne sono accorto.

Via Montebello numero 21, al terzo piano interno due

Il commissario Paludi aveva aspettato un taxi per dieci minuti buoni poi aveva deciso di andare a piedi. Percorse tutto corso Matteotti fino a via XX Settembre, era una zona d'uffici e incrociò solo qualche passante che portava a pisciare il cane. Al Reposi davano *Milk*, un film su un gay della comunità di Castro che era diventato assessore comunale della contea di San Francisco negli anni Settanta. L'uomo era poi stato assassinato con il sindaco da uno zelante consigliere. Arrivò sotto casa quasi senza accorgersene, le luci che illuminavano la Mole Antonelliana si erano appena accese. Un tizio faceva delle foto con un cavalletto lungo la strada. Il commissario si fermò a leggere interamente la successione dei numeri al neon sul fianco della Mole.

1, 1, 2, 3, 5, 8, 13, 21, 34, 55, 89, 144

Paludi guardò l'orologio, aveva tre ore esatte prima dell'arrivo di Eva. Fece le scale lentamente, l'abitudine di prenderle di corsa l'aveva ormai persa. I due pacchetti di sigarette glielo ricordavano a ogni pianerottolo.

Entrò nel suo appartamento di via Montebello. Si aspettava di trovarci odore di chiuso e disordine, così come ricordava di aver lasciato le varie stanze. Invece aveva fiori freschi sul tavolo della sala, le serrande alzate e una luce profumata di pulito per tutta la casa. Andò subito al frigo e lo trovò ordinato e ben fornito. Eva gli aveva addirittura comprato una confezione da sei di Budweiser. Si sedette sul tavolo della cucina. Tempo.

Aveva bisogno di tempo per affrontare il mondo. Sarebbe stato inutile parlare alla fidanzata delle sue nuove sensazioni, lei forse non l'avrebbe capito. E poi c'era sempre il rischio che lo scoramento che lo masticava fosse solo una cosa passeggera. In tal caso avrebbe rischiato di rovinare tutto. Un passo alla volta. Uno. E poi uno. E poi magari due, tre, cinque così come diceva l'installazione di Mario Merz.

Lo sguardo gli andò alla ciotola del cane, Scerbanenco. Si stava dimenticando del mondo. L'aveva iscritto ad un corso di agility dog presso un centro specializzato di Beinasco in sua assenza, così che non fosse di peso a nessuno. L'indomani, dopo l'autopsia e dopo le convocazioni in commissariato, sarebbe andato a recuperarlo. Ne aveva anche bisogno a dire il vero, voleva passeggiare in silenzio sul Lungo Dora e sentirlo respirare accanto a lui. Accarezzarlo e sentirlo grugnire d'affetto.

Si alzò, buttò il soprabito sul divano, poi lo riprese e lo attaccò all'appendiabiti. Si guardò nello specchio dell'ingresso. Doveva farsi la doccia e la barba. Ancora tempo.

Tornò in cucina, prese una birra e accese il televisore. C'era il tiggi regionale. Avevano arrestato il presidente di un importante premio letterario cittadino a seguito delle denunce del domestico di colore e di un'indagine della guardia di finanza. La solita storia di finanziamenti *ad personam* e regalini clientelari. La solita mafia pulita, senza spargimenti di sangue. Giusto qualche briciola da nascondere sotto i tappeti. Da sempre la criminalità organizzata veniva combattuta attraverso le dichiarazioni dei redditi. Dai tempi della Chicago di Al Capone i documenti dell'Agenzia delle Entrate erano i più attendibili ed accurati di ogni paese. Ma ogni giorno diventava sempre più difficile agire attraverso le dichiarazioni fiscali, in quanto la criminalità organizzata investiva regolarmente il proprio indotto in attività lecite attraverso le banche di ogni stato. Pizzerie, franchising di Car Washing, fondi immobiliari, eco-fondi per lo sviluppo dell'energia pulita. Ormai i soldi sporchi si nascondevano ovunque e colpendo alcune attività a base mafiosa si rischiava anche di colpire i tanti piccoli risparmiatori che avevano investito in tali imprese.

Il commissario Paludi finì la birra e diede un calcio al tappo. Tornò alla cantina di via Matteotti. Era ancora presto per avanzare qualsiasi ipotesi. Doveva aspettare i risultati dell'esame autoptico e capire qualcosa di più in merito a quei cazzo di pesci. Sperò solo di non sognarseli, gli occhi girati e la pancia in su, la pelle sfibrata dal contatto con l'aria. Scivolò nel sonno senza accorgersene, un tunnel foderato di raso nero, un foro senza uscita, senza rumori. Arrivarono nel sonno alcuni piccoli suoni che lo portarono quasi fino alla superficie delle cose. Si destò poco dopo quando gli studenti che abitavano al piano inferiore accesero a tutto volume lo stereo. *Should I Stay or Should I go?* Bella domanda.

Dalla finestra non arrivava più il chiarore del giorno. Si girò di scatto a guardare l'orologio digitale sul lettore dvd. Erano le dieci e un quarto. La bocca gli si seccò. Eva l'avrebbe ucciso, e non aveva ancora fatto nemmeno la doccia. Si alzò ancora intontito, fece due passi e inciampò in un paio di scarpe con il tacco, si girò a guardare verso il porta-abiti dell'ingresso. C'era un cappotto rosso da donna. Accese la luce. C'era un tailleur per terra, poco più avanti una camicetta, poi un reggiseno e appese alla maniglia della porta di camera sua un paio di mutandine di pizzo rosso. Paludi le raccolse e se le portò al naso – *Eva* – aprì lentamente la porta della camera ed entrò.

La donna era sdraiata sul letto, sotto il lenzuolo. La coperta piegata ai piedi del matrimoniale. Il commissario Paludi si sedette sul letto e sollevò il lenzuolo. Eva era nuda ed indossava solo un paio di autoreggenti. Era sdraiata sul fianco e gli dava le spalle. Dormiva. O faceva finta.

Paludi si spogliò senza fare rumore, mise i vestiti sulla sedia accanto al comodino. Dopo si sdraiò accanto a lei, nudo anche lui. Si avvicinò fino a sfiorarla, pelle sulla pelle. Dai capelli della donna annusò un profumo sofisticato. L'aveva cambiato, sapeva di argilla e vaniglia. Provò a tenerne l'odore nel cervello, iniziò ad accarezzarla lentamente. Lasciò che il suo pene completasse l'erezione. Poi lo appoggiò sul sesso della donna. Chiuse gli occhi. Eva era ormai sveglia, ne sentiva l'umido. Allora lo spinse e la prese. La donna allungò una mano all'indietro accompagnando le spinte. Morse a lungo il cuscino prima di venire. Poi si rilassò nuovamente nel sonno.

Per il commissario fu una lunga masturbazione nel corpo caldo di Eva. Nient'altro che una lunga sega. Anche gli uomini lo sapevano fare, fingere, e lei non si accorse minimamente che le stava dicendo addio. Giorgio Paludi restò con quel pensiero fino ad addormentarsi. Poi sognò di nuovo una successione di numeri che percorrevano il mondo e si ricordò di una cosa che gli aveva raccontato il nonno quando era poco più che un bambino. Un giorno aveva scoperto che alcuni fiori avevano sempre lo stesso numero di petali, i ranuncoli hanno cinque petali, le margherite o trentaquattro o cinquantacinque e i gigli soltanto tre. Ecco, il commissario non aveva mai inteso prima di allora che bastassero solo tre petali per fare un fiore. Era incredibile: solo tre petali per una magia. Non c'aveva mai pensato. Sembrava quasi impossibile. Il commissario entrò in un dormiveglia irrequieto. Erano gli uomini a complicare tutte le cose, era così facile, i gigli avevano tre petali, la cicoria ventuno, le margherite trentaquattro o cinquantacinque. Una cifra attraversava l'universo, c'erano delle regole, c'era una ragione.

Arrivò quell'immagine della sua infanzia. Era con il nonno. Faceva il floricoltore nella Liguria di ponente. Erano nelle serre che coltivava a fiori nei pressi di Bordighera. Paludi era poco più di un bambino e quell'estate si era infatuato di una bambina che frequentava la stessa spiaggia, una ricciolina che veniva da Abbiategrasso e indossava un due pezzi rosa nonostante avesse solo sette anni. Studiava già da donna.

Aveva preso una margherita e aveva iniziato a sfogliarla nel gioco "m'ama, non m'ama". Il nonno si era avvicinato sorridendo.

– *Giorgio. Dipende tutto da come inizi.*

Il piccolo Paludi l'aveva guardato interessato.

– *Vedi. I gigli hanno tutti lo stesso numero di petali.* – Ne aveva presi due e glieli stava facendo vedere. – *Sono sempre tre. Tre petali. Tre petali e tre sepali.*

– *Sempre?*

Il nonno guardò l'intero campo che ardeva sotto le lastre di vetro.

– *Sempre.*

– *Quindi se inizio a contare giusto mi amerà per sempre?*

Gli sembrò di sentire Eva parlare a bassa voce. Ma i loro respiri se ne andavano paralleli ormai; nessuna legge della geometria li avrebbe fatti incontrare.

Onoranze funebri Abu Simbel, corso San Maurizio 45

La mia vita l'ho scritta male forse. Non mi sono mai curato di renderla intelligibile, di alleggerirla della mania di intenerire le parole, di forbirla in una bella copia dei fatti che sono veramente accaduti. Ho solo una certa abilità nel manipolare la morte, nell'abitarla da vicino, come un *pied-à-terre* da usare a discrezione.

Le onoranze funebri Abu Simbel hanno una storia secolare, l'agenzia di Torino la fondò un certo Flavio Musso, commendatore esimio del Regno. La mia famiglia la rilevò poco più di vent'anni or sono, facendone un'operazione commerciale. Qui la crisi si sente poco. La gente se ne va regolarmente, la gente muore; lo trovo molto divertente.

Sarà per questo che non ho mai voluto una compagna, né tanto meno una moglie. Ho già un commercialista e un avvocato, persone interessate anche troppo ai miei affari.

La gente non sopporta l'ironia su certe questioni, ma lo sanno tutti: una risata ci salverà. E l'ultima ci seppellirà. Riflettete. Pensiamo costantemente alla morte come a qualcosa che sta davanti a noi, un punto bianco imprecisato sulla linea del tempo. Un segno grammaticale sulla nostra vita, mentre in gran parte è tutto già alle nostre spalle: tutta l'esistenza trascorsa è già in suo potere. Non bisogna affatto temere il nostro ultimo giorno, perché esso non contribuisce alla nostra morte più di tutti gli altri.

Venite nel retro. Qua ci sono le casse. Guardate come sono belle. Qua dovrebbero venire le parrucchiere a preparare i cadaveri. Negli Stati Uniti è un bel business. Magari anche qui ci fossero i funerali a sepolcro aperto... da noi la legge prescrive la chiusura accurata della cassa per ragioni igienico sanitarie. Non capiscono niente.

C'è una certa bellezza. Anche in questo.

Adesso arredare la morte sta diventando sempre più facile. C'è gente che compra feretri per abbellire il salotto, chi per esorcizzare la paura prendendoci le misure.

Ma tutto questo non basta, per andare avanti bisogna diventare esperti di marketing, mettere insegne pubblicitarie negli incroci dove avvengono il maggior numero di incidenti stradali. Bisogna essere attenti e specializzarsi. Bisogna dare bustarelle agli addetti negli ospedali per segnalare pazienti in fase di trapasso...

Le nostre onoranze funebri hanno il monopolio in città dell'esecuzione delle pratiche per l'espatrio delle salme degli immigrati. La gente viene in Italia per sopravvivere, fa dei lavori da fame, spera in un futuro migliore in cui tornerà a casa propria a prendersi cura della la famiglia e leccarsi le ferite. In realtà la maggior parte a casa ci torna solo piedi in avanti. E noi assolviamo tutte le pratiche, siamo come un tour operator, un last minute dell'ultimo viaggio. Li portiamo in tutto il mondo. Le destinazioni sono esotiche e commerciali, ce n'è per tutti i gusti e per tutte le tasche, ovviamente. Ognuno ha le sue esigenze. I pachistani non vogliono che il morto venga composto, lo ricoprono di veli e lo seppelliscono nel giardino di casa. I cinesi li mettono nelle casse e li vogliono in oriente. I marocchini spesso non hanno i soldi per permettersi il viaggio in aereo allora fanno delle collette all'interno della comunità. Si danno una mano, un conforto. I musulmani che non hanno sufficiente disponibilità di denaro chiedono in ogni caso la sepoltura a terra con la bara direzionata all'orizzonte della

Mecca. Gli Indiani invece vogliono cenere e polvere e un piccolo cratere per la conserva.

E io sto qui. Io attendo. Io li curo, li soddisfo. Non sorrido a nessuno, non piglio in giro nessuno. Io sopporto tutti gli ultimi giorni di questo mondo. Undici anni di ultimi giorni, uno dietro l'altro. Un lungo, continuo, eterno addio: il mio lavoro. Io ci sono sempre. La morte la conosco bene. So che ogni fottuto minuto della mia minuscola vita sto morendo, e sto morendo da solo. Per questo non ho paura di nulla, e per questo a volte da me vengono gli altri, quelli che morti ancora non lo sono, quelli che camminano senza speranza, quelli che poi incontrano me e capiscono la vera essenza della vita. Del resto sono una persona corretta, con il tempo ho imparato che bisogna sempre giocare onestamente quando si hanno in mano le carte vincenti. La vera arte sta nel procurarsele. E in questo sono sempre stato il migliore.

Commissariato di polizia, via Verdi numero 31, secondo piano

Si era alzato senza far rumore per non svegliare Eva. Per non sentirsi chiedere niente a dire la verità.

Il commissario Paludi scese in strada e incrociò una ragazza che distribuiva le copie di un free press. Era magra, gli occhi nocciola, un chiodo al sopracciglio e i capelli tagliati alla moda basca così in auge sulla rambla di Barcellona: frangetta davanti e lunghi e scompigliati sui lati. Non gli sorrise, per lei doveva ormai sembrare una qualche specie estinta del giurassico. Paludi prese una copia del giornale e diede un'occhiata distratta ai titoli. "Allarme lavoro: persi altri 370 mila posti". "Troppi test prenatali, no alla selezione dei feti". "Aiuti a chi assume lavoratori italiani". Le solite notizie dell'Italia di mezzo, un paese senza futuro con troppi preti e tanta televisione. Poi trovò una notizia che lo fece sorridere. A Ginevra, accanto al teologo Calvino e al pedagogo Piaget, avevano seppellito la signora Griselidis Real, forse la più celebre puttana elvetica.

Passò davanti alla sede Rai regionale; le sue vetrate verdi riflettevano il cielo nuovamente grigio e gonfio di pioggia. Di fronte, sotto l'arcata dell'ingresso di palazzo Venturi, c'era invece un gruppetto di studenti pronti per le lezioni, o un qualche appello d'esame straordinario.

Arrivato a destinazione, salutò il piantone e una collega che stava andando spedita nell'ufficio denunce al piano terra. C'era già coda. Il commissario tirò ad indovinare: un furto con scasso, tre portafogli asciugati a Porta Palazzo, un paio di atti vandalici, un marito che non pagava gli alimenti e si appostava sotto casa rivelando pubblicamente oscenità private. Così tergiversando come ogni santa mattina del mondo non mancò di inciamparsi nello scalino d'alluminio saldato sotto la porta di sicurezza. Maledisse il fabbro, girò sull'atrio e buttò il quotidiano nella spazzatura. Nell'ascensore tirò un respiro profondo prima che le porte si aprissero al piano. Poi si buttò a testa bassa in una nuova giornata di lavoro.

C'era già fermento. Notò con la coda dell'occhio che la sala d'attesa era gremita dai convocati del condominio Morgan di via Matteotti. Il fatto lo mise perfidamente di buon umore. L'ispettore Anastasi faticava a rilassarli con le frasi di rito, assicurandogli che sarebbero stati licenziati nel minore tempo possibile e che avrebbero goduto di tutti i riguardi. Chiese addirittura se desiderassero un caffè. Paludi chiamò fuori l'ispettore.

– Già che c'è potrebbe scendere a comprare cornetti al bar per tutti quanti. Tanto pagano i contribuenti.

L'ispettore non rispose. Il commissario affrontò per qualche minuto il discorso in merito all'organizzazione del lavoro.

– Facciamoci dare una mano anche dal sovrintendente Scianna. E, mi raccomando, il notaio se ne va per ultimo e me lo faccio io.

L'ispettore Anastasi lo guardò preoccupato, era una cosa che si aspettava. Paludi aveva una certa allergia al potere costituito e, siccome la legge non era uguale per tutti, tendeva ad applicare una sorta di contrappasso verso le persone influenti. Ogni tanto gliela facevano pagare, ma non glie ne fregava niente. Anzi era una delle poche cose che lo rendeva felice. Allora si rilassò, preparò la faccia per la sceneggiata ed entrò nella saletta. Il brusio diminuì di tono senza placarsi. Giorgio Paludi si espresse lentamente, con voce impostata.

– Buongiorno. Volevo informarvi che tra poco l'ispettore vi leggerà le nostre richieste. Siete tutti quanti a disposizione fino a decisione contraria. Chi ha bisogno di permessi lavorativi lo chieda al momento del colloquio. Arrivederci.

Commissariato di polizia, via Verdi numero 31, secondo piano

Appena terminato di comunicare ai convocati del condominio Morgan i motivi della loro presenza, il commissario Paludi era uscito dalla sala d'attesa e, chiusa la porta, si era messo a guardare da dietro lo specchio che stava sulla parete. Era subito scattato il pandemonio, tutti si erano messi a parlare a voce alta, a sbraitare. Il notaio si stava nuovamente mettendo alla testa dell'insurrezione anche se, questa volta, con una certa fatica. Era nato per comandare, bere il caffè col mignolo all'insù e ostentare la propria agiatezza al circolo del golf. Erano tutti in piedi, che gesticolavano e brandivano pezzi di frasi, discorsi strampalati sul quinto emendamento: la fiction era diventata reality show, mostrava dissolutamente il privato dell'uomo mietendo vittime a tutto spiano. Solo uno, un signore sui cinquanta, se ne stava in disparte, seduto, con la sua giacca rattoppata poggiata in grembo. Quasi rassegnato. Giorgio Paludi convocò l'ispettore Anastasi e il sovrintendente Scianna.

– Tre domande ciascuno: dov'erano la notte del delitto. Voglio un alibi per tutti. Secondo: erano al corrente di cosa avveniva nella camera dove abbiamo trovato i cadaveri? Voglio sapere se qualcuno conosceva l'esistenza del laboratorio. Terzo: fategli vedere le foto dei cadaveri a bruciapelo. Qualcuno deve pure averli visti almeno qualche volta.

– E poi?

– E poi mandateli a casa.

– E il notaio?

– Il notaio fallo aspettare ancora mezz'ora poi portalo da me prima che telefoni al fratello. È il presidente della provincia. Chi è quello? Paludi puntò il dito verso il signore che tranquillo, attendeva il da farsi seduto sulla panchina.

Anastasi inforcò gli occhiali.

– Non lo so. Gli vuole parlare?

– Sì. È l'unico che si è reso conto che li stiamo guardando attraverso lo specchio.

– Glielo porto subito in ufficio.

Il commissario lo attese con studiata disattenzione, continuava a rovesciare su e giù una palla di vetro con della neve finta che gli aveva portato il figlio da una gita scolastica, di ritorno da Berlino. L'uomo arrivò quasi subito. Posò il soprabito sullo schienale della sedia e senza chiedere il permesso si accomodò. Poi visto che il commissario lo guardava senza decidere di iniziare a parlare decise di farlo lui.

– Mi chiamo Erminio Caponi. Ho cinquantatré anni. Abito nella mansarda.

Prese gli stampati delle piantine catastali buttati alla rinfusa sulla scrivania. Trovato il prospetto numero sei, quello dell'attico, ci buttò un dito.

– Qui.

Giorgio Paludi decise di starlo ad ascoltare.

– Affaccia sul cortile.

– No commissario. Affaccia solo sul cortile. Sono trenta metri quadrati di merda e da quella finestra ci entro anche in casa. Comunque non ho sentito nessun rumore provenire dalle cantine, ci sono trenta appartamenti di mezzo. Sa com'è.

– Che lavoro fa?

– Non faccio nessun lavoro. Ero un manager dell'ASL, mi sono giocato tutto compresa la famiglia. Ho iniziato come account per una ditta privata che vendeva servizi agli enti e sono arrivato alla direzione regionale. Adesso abito ancora in quella mansarda perché è l'unica cosa che mi è rimasta oltre alla mia carcassa e almeno quella non me la possono togliere. L'avevo comprata per portarci delle modelle e giocare al cinema. Ha presente no? Tartine di caviale e tante bollicine. Ma è andata diversamente.

– Mi spiace ma non sono la persona giusta da cui cercare di essere compatiti. Mi dica dov'era la sera del primo novembre.

– In casa.

– Qui.

Il commissario indicò nuovamente la pianta del monolocale. Alla fine del ballatoio di fronte all'ingresso c'era un piccolo ripostiglio murato segnato con una grande X. Doveva essere il vecchio bagno esterno di servizio. Sua nonna ne aveva uno così, si ricordò che da bambino d'inverno se la faceva addosso piuttosto che farsi gelare l'uccello sul balcone.

– C'è qualcuno che può confermarlo?

Erminio Caponi fece un gesto di diniego con la testa. Paludi mise una crocetta su uno stampato.

– Iniziamo male?

– Come mai sua moglie l'ha lasciata?

– Non ho detto questo. Ho solo detto che mi sono giocato la famiglia. Quando ho capito che desideravo solo potere e puttane me ne sono andato di casa.

– Fare il dittatore dei fornelli non la appagava.

– A questo non c'avevo mai pensato.

– Ascolti, per me è quasi tutto. Se ne può andare.

Erminio Caponi, unico inquilino di una mansarda di trenta metri quadri con affaccio su cortile raccolse il soprabito dalla sedia, ma Paludi lo bloccò.

– Cosa c'è ancora?

– Ci sono ancora due morti ammazzati in una cantina del vostro condominio.

Il commissario gli buttò in mano le foto dei due ragazzi scattate dalla scientifica.

Non passarono cinque secondi. L'uomo iniziò a singhiozzare come un bambino, poi chiese dell'acqua e si sedette in un angolo. Aveva una storia da raccontare.

Missiva scritta a mano su carta intestata dello Studio Lovato – Forniture e servizi per Ufficio. Mittente: Miriam Colucci. Destinatario: Diana Stoppani.

Cara Mamma,

Mi sono svegliata presto stamattina. Avevo il sonno agitato... La piccola ha un po' di febbre e di notte si lamenta spesso. Ma le ho comprato gli antibiotici e il dottore mi ha assicurato che è solo una complicazione dell'influenza di quest'anno e in qualche giorno dovrebbe passarle. Speriamo che si rimetta presto Nicole. È così indifesa ancora! Mi fa tanta tenerezza... sì, è sempre di più la cosa più grande del mio mondo... poi è molto giù. Sai... Solaris se ne è andato. Non è stato facile spiegarglielo, ho dovuto raccontarle che è scappato con una gatta del tetto di fronte. Mi ha persino chiesto: ma non è troppo vecchio per scappare con le micie? Povera stella. Ti ricordi quante storie avevo fatto per portarlo a casa, che il papà non voleva perché aveva paura che Solaris gli uccidesse gli uccelli nella voliera? E invece quel gatto pagliaccio non li ha mai considerati... un po' mi manca...
La cosa più brutta è stata portarlo via, non avevo idea di dove bisognasse portare un gatto quando muore. Voglio dire mica potevo buttarlo! comunque ti dicevo, così lunedì prossimo posso riportarla all'asilo... sennò mi crea qualche

problema con il lavoro perché mi tocca pagare una donna per badarle e mi spendo quasi la metà dei soldi che guadagno... è che non posso rischiare di farmi licenziare. È un buon posto e mi pagano regolarmente tutti i fine settimana. Devo solo rispondere al telefono e prendere gli appuntamenti per una società di forniture. C'è persino un ingegnere che ci lavora! Vedessi che uomo, ti piacerebbe!... Però questa signora è brava, ha capito la situazione e la vigilia dei Santi mi ha riempito il frigo di lasagne fatte in casa e di una torta alle mele davvero speciale. Ce la siamo già mangiata quasi tutta! (non essere gelosa le tue torte rimangono comunque le migliori di tutte mamma!) sai... Nicole cresce che è una meraviglia, adesso che ha i capelli più lunghi le stanno diventando mossi come alla nonna! Come a te, no? Sei contenta?
Mi manchi tanto mamma.
Ti mando anche una foto di Nicole. Ci vediamo a Natale, arriverà presto lo sai no? Riguardati e cerca di non preoccuparti troppo per noi. La città è così grande rispetto a Rionero, ma noi due ce la caviamo benissimo!!! A presto. Tanto.

Tua Miriam

PS: No. Suo padre non si è più fatto sentire, sono tre mesi che non mi manda più niente. Ma non chiedermelo più, mi fa male. Per favore. Lo so che me lo chiedi solo perché ti preoccupi e ci tieni ad aiutarmi. Ma sono cose mie. Ciao. Grazie.

Commissariato di polizia, via Verdi numero 31, primo piano, ufficio del commissario Giorgio Paludi

– È bellissima anche così.

Giorgio Paludi, commissario, prese l'istantanea dalle mani di Erminio Caponi. Il volto della ragazza era regolare, i capelli sudati e incrostati di sangue su un lato. Gli occhi chiusi. Gliel'aveva chiusi l'uomo dopo averla uccisa? Il commissario scrisse un appunto sul bloc notes.

– *Era* bellissima dottore. Tra qualche giorno se la fotteranno i vermi e le mosche. E prima?

Il signor Caponi tirò su con il naso e guardò il commissario. Ripeté a pappagallo.

– Prima?

– E prima chi se la fotteva dottore?

Il Caponi fece ancora quel gesto decoroso, negando con il capo. Paludi fiutò l'odore del sangue. Ma Caponi non era uno da intimidire con quarantotto ore di carcere preventivo. Era già abituato a vivere in una mansarda con i fornelli al posto del comodino. Il commissario si alzò dalla poltrona e gli girò dietro. Gli mise una mano su una spalla.

– Chi è quella ragazza? Ha già perso una famiglia. E forse quella donna ne ha un'altra che avrebbe il diritto di piangerla. Non si faccia pregare.

– Ho paura.

Giorgio Paludi scaraventò il posacenere della scrivania pieno di mozziconi contro il muro. Fu un gesto istintivo. Poi tornò a sedersi sulla poltrona cercando di trovare la calma.

– Dove l'ha portata la paura? Lo sa che un cesso del Principe di Savoia è più grande di casa sua? Parli Caponi.

Il commissario lo guardò dritto negli occhi.

– Avrà ancora un desiderio. Mi dica che cosa desidera.

Erminio Caponi si sollevò dalla sedia in un impeto d'orgoglio, poi tornò a sedersi, era tornato lucido.

– Voglio vederli tutti nella merda. Voglio vederli far fatica per arrivare a fine mese. Voglio le loro facce sui giornali.

Adesso parlava spinto da una febbre. Un'influenza di rimpianti e rimorsi che venivano da lontano. Giorgio Paludi prese un respiro e accese il registratore.

– Avevo parlato di desideri Caponi. Non di rabbia. Ma se la storia è buona è pur sempre un punto di partenza. Come si chiama la ragazza?

La ragazza si chiamava Irina e il Caponi lo disse. No, non aveva nessun accento slavo. No, il dottore non avrebbe saputo dire quale fosse la sua provenienza. Ci scherzava su, a volte faceva finta di essere moldava, altre rumena, a volte parlava con un quasi perfetto accento piemontese e diceva di essere una contessa del Monferrato. Era simpatica e giorno dopo giorno aveva preso confidenza con tutto il palazzo. Aiutava le donne a portare la spesa, faceva la gatta morta con gli uomini. Aveva iniziato a fare lavoretti saltuari per conto degli inquilini, cucire, accompagnare i cani a fare i bisogni, fino a riuscire ad infilarsi nel letto del notaio Terminati e di almeno un'altra mezza dozzina di rispettabili professionisti della zona. Dopo due ore di chiacchierata con il dottor Caponi, Paludi era esausto; avevano una traccia su cui lavorare ma era tutto così semplice da sembrare troppo lineare. Erminio Caponi dove non aveva dati lavorava di fantasia, cucendo reati e cappotti addosso a chi gli stava antipatico: era attendibile come una portinaia. E per giunta in quel caso di portinaia ne avevano già a disposizione una, e dura d'orecchi. Ma qualcosa di vero doveva pur averlo detto.

Il commissario lo congedò senza cortesie e gli intimò di rimanere a disposizione. Era comunque sicuro che non fosse il tipo che si invola sul primo aereo disponibile per iniziare una carriera di latitanza. Chiamò immediatamente l'ispettore Anastasi e il sovrintendente Scianna. Le testimonianze erano piuttosto confuse, ma su un punto c'era decisa concordanza. Nessuno aveva mai visto prima di allora il ragazzo della foto e quasi tutti conoscevano invece, Irina, Mihaela, Carla e tutti i nomi che si era inventata. Il commissario buttò i verbali sulla scrivania accanto alla sua.

– Scianna, lei è fidanzato?

– No commissario perché?

– Sposato?

– Ho solo venticinque anni!

– E allora si passerà la nottata a farmi un bel découpage con questi ritagli di giornale. Segni ogni cosa che le sembri poco convincente, collegamenti, intuizioni, qualsiasi cosa. E per ogni inquilino del condominio voglio che segnali l'eventuale connessione con la ragazza morta.

Il sovrintendente fece una smorfia arrendendosi agli ordini.

– Che fa ancora lì impalato? Si sieda se non vuol fare mezzanotte nel mio ufficio. Ispettore cos'ha in mano?

– Una querela.

– Di chi?

Il commissario la prese in mano, era dello studio di avvocati del notaio. La stracciò e la gettò nel cestino.

L'ispettore pregò per tutta la questura.

– Che devo farci con il notaio? Lo porto qui?

– No lo porti a fare una gita al lago di Avigliana.

Anastasi lo studiò.

– Ispettore era una battuta. Fosse per me il notaio lo lancerei da un'auto in corsa per vedere quanti rimbalzi fa.

– D'accordo.

– D'accordo che cosa ispettore?
– Non lo so.
C'erano alcuni momenti in cui il commissario non riusciva a discernere la trama dei pensieri dell'ispettore. In quei momenti aveva il dubbio amletico che potesse non essercene alcuna, di trama, nella sua testa. E pensava che il padre eterno gliel'aveva accollato come una piccola penitenza, un raffreddore da fieno, un'intolleranza al latte, qualcosa con cui avrebbe dovuto convivere per espiare qualche genere di colpa.
Paludi lo squadrò. L'ispettore era ancora in attesa di ordini, non dava segno di avere decifrato il messaggio; se era una penitenza non era certamente per un peccato veniale.

Corso Cairoli, nei pressi del lungo Po Armando Diaz

V. guardava l'acqua scorrere verso Nord sotto al ponte. Seguì un sacchetto di plastica galleggiare sul fiume fino a perderlo di vista davanti ai Murazzi del Po. Erano le cinque di sera, ma il sole era già basso sulla via del tramonto e velato dallo smog.

Aveva smesso di piovere da poco. V. camminò lentamente e quando fu davanti al palazzo della Toro Assicurazioni si fermò a riposarsi appoggiato al muretto. Guardò verso il fiume e la collina con le sue ville nascoste da immensi parchi privati. Un temerario stava pedalando sulla pista ciclabile di corso Moncalieri. I murazzi erano nati come imponenti muri costruiti alla fine del XIX secolo per preservare il centro città dalle piene del fiume, costituivano un tempo un luogo adibito al rimessaggio delle barche da pesca ed erano attorniati da magazzini per il deposito delle merci in arrivo sulle chiatte lungo il Po. Le chiatte navigavano sul fiume, il lungo Po era come la banchina del porto di una città di mare. Da lì a poco ad ogni arcata sarebbe corrisposto un locale, un bar, una discoteca, una chupiteria. Avrebbero anche aperto un centro sociale e un club matinée pieno zeppo di trans. V. guardò il monte dei cappuccini con la chiesa cattolica di Santa Maria del Monte, poco più in là si intuivano la Gran Madre e l'ex zoo comunale. Dal lato opposto il parco del Valentino arrivava fino all'arco di viale Virgilio.

C'era poca gente.

Di notte i Murazzi si sarebbero riempiti di finocchi, travestiti, diggei precari, studenti universitari, emo alternativi, pusher di coca e anfetamine, pierre, ballerini d'alcool, piccoli trafficanti di hashish, segaioli, ladri dai pantaloni rotti, magrebini che avrebbero tentato improbabili giochi di mano. Una nigeriana con la pancia e sette figli di nome Tami sarebbe arrivata con il carretto a preparare panini alla salsiccia e peperoni facendo da palo ai fratelli che vendevano erba tentando di fare sgambetti agli studenti Erasmus mentre gli facevano il portafogli dalle tasche. Nessuno che fosse stato sveglio avrebbe fatto affari lungo il Po. Ogni tanto qualcheduno un poco incauto decideva di comprare rum o ganja di merda convinto che fosse roba buona e originale, per poi fare lo splendido con gli amici della provincia seduto al bar del totocalcio, raccontandogli avventure degne di un gangster.

In quel momento, però, c'erano solo Valentino e Valentina abbracciati sul fiume. V. guardò le due barche. Dondolavano appena, la corrente pigra e debole le cullava lentamente. Erano due barche da gita domenicale fuori porta su cui avevano anche girato un paio di sequenze di una qualche pellicola vagamente famosa. Due barconi che la notte flirtano come amanti sul lungo Po, baciandosi clandestinamente nella nebbia.

Poco dopo V. incontrò Ernesto, un barbone che per pochi spiccioli puliva le vetrine dei negozi. Si faceva le vie del centro meno frequentate, dove il suo aspetto trasandato ma dignitoso, non dava nell'occhio, e poi si tracannava la paga a cartocci di Tavernello e pompini coperti dalle troie di via Ormea. Era una cosa di cui si vantava sempre. Alcuni dicevano che Ernesto si fosse fatto fare qualcosa come quattordicimila pompini. V. ogni tanto gli parlava, era divertente e non faceva del male a nessuno. Diceva anche di avere un tesoro nascosto su un'isola, ma dove fosse non l'aveva mai rivelato ad anima viva. Poi tirava giù queste storie di mare e di mistral, e allora non restava che starlo ad ascoltare. Perché le raccontava con calma, come se ogni parola potesse salvarlo un giorno ancora. Una Sherazade dei poveri che si vendeva per una birra e un sacco con i vestiti usati.

Ernesto aveva fatto per vent'anni il barista sulle navi traghetto. Genova, Barcellona, Venezia, Igoumenitsa, Patrasso, Atene e Beirut. Parlava italiano, spagnolo, greco e arabo. Ma non avrebbe detto goodbye nemmeno con un candelotto di dinamite infilato nel culo. Aveva visto l'alba sul porto di Alessandria e i disordini sulla strada di Charles De Gaulle nel millenovecentoottantadue in Libano.

V. pensò che il povero Ernestito non aveva visto ancora abbastanza.

Torino stava mettendo le impalcature al proprio futuro, la stazione di Porta Nuova sarebbe diventata un centro commerciale, fiorivano le mostre d'arte e il Torino Film Festival avrebbe portato in città nomi di spicco. Avrebbero fatto un palazzo di quaranta piani a Porta Susa. E poi ancora un altro grattacielo per la regione. Avrebbero grattato il cielo. E alla Caritas arrivavano cinquantamila richieste di aiuto all'anno dal solo comune.

V. guardò l'orologio e congedò Ernesto. Doveva iniziare il turno di lavoro tra meno di mezz'ora.

Lo lasciò a guardare il suo mare, quello che confondeva con quella striscia lunga del fiume sporco di argilla. V. gli urlò dalla macchina.

– Ernestito! Quest'estate ti porto con me al mare! Quello lì è solo un torrente pieno di merda! Ti compro una camicia hawayana e ce ne andiamo in Riviera a fare il tiro alle olandesi. Lì non c'è bisogno di chiedere l'elemosina, basta raccoglierla alla mattina sulle spiagge mentre la gente va a dormire. Però dovrai farti una doccia, sennò qua sopra non ti ci faccio salire!

V. partì sgommando, vide Ernesto nello specchietto retrovisore che gli faceva il gesto dell'ombrello. Poi rimise gli occhi sulla carreggiata. Continuava a trasgredire le regole, ultimamente stava passando il segno con troppa naturalezza, continuava a rimestare nel torbido e cercare angeli da accarezzare. Ma non riusciva a sentirsi in colpa di nulla.

Quando un governo fallisce miseramente nella tutela dell'ordine pubblico, il contratto sociale non vale più.

E V. l'aveva stracciato da un pezzo.

REGIONE PIEMONTE
Azienda Sanitaria Locale N. 1
Servizio di Anatomia e Istologia Patologica
corso Massimo 52
Su disposizione della procura di (To)
Autorizzazione Sostituto Procuratore
(Bertelli M.)
Il patologo incaricato Lucentini M.

Autopsia n° 14, eseguita il 04/11/09, ore 07.52

Estratto del parere tecnico:
[...] il cadavere 80-10768 appartiene a una donna eurasiatica, dall'età presumibile in anni 22 – 24. Capelli chiari, occhi marroni, taglio mediterraneo altezza cm 168, peso post-mortem kg 50,4 [...] il corpo è sul limine del rigor mortis, la temperatura del fegato e di ventuno gra di centigradi, l'ora della morte da ipotizzarsi nella forbice delle 18-20 ore precedenti al ritrovamento [...] la mortis causa è da circoscrivere ad un solo colpo di fucile sparato da distanza ravvicinata, mancano le prime due falangi dell'indice della mano sinistra (a un primo esame della muscolatura la ragazza si direbbe mancina) probabilmente la vittima ha tentato di ripararsi il volto quando il colpo è stato esploso e ciò ha causato la perdita di parte dell'indice della mano come sopra descritto. Il foro d'entrata della ferita mortale è localizzato tra la mandibola e l'atlante, il proiettile ha attraversato la regione cervicale e il

foro di uscita è localizzato tipicamente nella zona sottostante l'osso temporale. [...] L'analisi istologica dei principali organi del cadavere 80-10768 non ha riscontrato nessuna anomalia, tranne una lacerazione [...] risalente a non più di sei-dodici mesi prima, conseguenza di un aborto forse non legalmente autorizzato. (Consiglio una ricerca in tal direzione, nell'eventualità contraria, dovreste trovare le generalità della vittima) non risulta nessuna pratica invasiva a dispetto della ragazza in questione, non è stata stuprata né seviziata. [...] le macchie di sangue riscontrate in fase preliminare di sopralluogo sulla scena del delitto e le impronte, sono da ipotizzare in un semplice tentativo da parte dell'altra vittima, il cadavere 80-10769, di adagiarla sul materasso dopo l'esplosione del colpo, o forse in un reiterato tentativo di tenere stretta la ragazza, come ad abbracciarla [...] Il sangue ritrovato sulla parete e quello sul corpo del cadavere 80-10768 è compatibile con il corpo stesso e appartiene all'altra vittima. [...]
il cadavere 80-10769 appartiene ad un uomo, età 30-35 anni, eurasiatico, altezza cm 181 cm, peso corporeo post mortem kg 77,8 [...] l'ipotesi più plausibile è che si sia sparato in pieno volto con il fucile calibro dodici rinvenuto sul luogo del delitto. Lo zigomo e la parete frontale del cranio sono state attraversate dal colpo.
La morte del cadavere 80-10769, è sopravvenuta analogamente tra le 18 e le 20 ore prima del rinvenimento dei corpi [...]

Istituto di Medicina Legale, corso Massimo D'Azeglio 52

Il dottor Lucentini faceva un lavoro meticoloso, non era avvezzo a cadute di stile tardo romantiche, a infatuamenti da adolescente complessato dall'acne sul bus all'imbrunire.

Per lui le persone erano fegato, cornee, intestino, cervello, pancreas, vasi deferenti, ghiandole endocrine; le persone erano organi da sezionare e pesare sulla bilancia, schedare nei moduli, chiudere nei sacchetti e riporre nel frigo.

I cadaveri passavano alla frequenza dieci-dodici al giorno all'obitorio di corso Massimo. Il dottor Lucentini li sventrava, li puliva, alcuni li preparava per le lezioni dei laureandi in medicina. Erano diciannove anni che faceva quel lavoro e non era mai riuscito a provare nessun desiderio nei confronti delle donne che vedeva per strada, perché sapeva che prima o poi sarebbero potute finire su un tavolo di marmo a fare le comparse di una lezione di patologia clinica. A meno che l'autopsia non fosse stata richiesta direttamente dalla polizia di stato come in quel caso. Comunque sia sapeva che qualcuno sarebbe riuscito a fare umorismo sul loro corpo e che qualche studente con lo stomaco debole ci avrebbe vomitato sopra.

Il commissario Paludi e l'ispettore Anastasi arrivarono sul finire della mattinata. I tre si conoscevano da anni e nessuno faceva più caso alle stranezze degli altri. Tanto meno alla celeberrima passione del chirurgo per le barzellette sporche. Ma eccezionalmente quella mattina li dispensò, era preso da crucci più complicati e filosofici. Gli capitava ogni tanto. Gli capitava quando doveva mettere le mani nei reni, nell'intestino, nelle cavità riposte di ragazzi e ragazze giovani che sarebbero potuti essere i suoi figli. Se avesse mai avuto il coraggio di farli.

– Mi sono innamorato una volta sola nella vita commissario – Lucentini faceva lunghe pause, come un attore di teatro. Era il suo modo di recitare. – E non ripeterò più quell'errore.

Il commissario Paludi lo ascoltava con rassegnazione. Sembrava non aver dormito, o se l'aveva fatto aveva sicuramente avuto un incontro ravvicinato con una pantera. Un incubo.

– Vede commissario... La realtà è caos, è stupida. Mentre la fantasia è logica, cartesiana. Decidiamo noi quello che è giusto fare. Per questo attraversiamo la realtà per giungere alla fantasia. Perché vogliamo dare un senso al non senso. Vogliamo dare un senso alla realtà.

Giorgio Paludi lo guardò stralunato. Non riusciva a trovarci tutta quella poesia. I lavandini di scolo erano intasati da frattaglie umane. In quel posto si facevano a pezzi dei cadaveri e il Lucentini sembrava scriverci delle canzoni. Per il medico legale la fantasia era un bisturi. Qualcosa che dividesse il senso dal non senso. Una lama che chiarisse in due i lembi di un muscolo. Cercava forse qualcosa che si potesse sezionare, fotografare, pesare, chiudere in un sacchetto di plastica e apporci sopra un biglietto con scritto sopra "Felicità" e farla vedere agli studenti, potergli dire: – Ecco. Questo è quello che cercate. È quello che diventerete facendo i bravi o facendo i cattivi.

Lucentini piantò il bisturi nella pancia della ragazza. Una pancia tesa, senza adipe, sembrava panna cotta. Andò avanti alcuni minuti nel monologo. Quindi lasciò la ragazza e porse al commissario il referto medico dell'esame autoptico.

– Devo ancora concluderlo.

Paludi lo scorse sommariamente. C'era la possibilità che la ragazza avesse abortito nei mesi precedenti. Avrebbe potuto dare nuova luce ai racconti del dottor Caponi. Ma senza il vero nome non sarebbe stato facile rintracciare l'operazione. Sempre che, e Paludi era molto scettico sul fatto, fosse avvenuta legalmente.

– Quindi sono morti innegabilmente per i colpi del fucile rinvenuto sulla scena del delitto.

– È quello che ho scritto. Ed è esatto. Ma sarebbero morti lo stesso da lì a qualche ora.

Il commissario Paludi e l'ispettore Anastasi incrociarono lo sguardo. Si stavano decisamente infilando nelle budella di una vacca. Gli indizi si attorcigliavano senza soluzione di continuità. E il commissario lo sapeva, presto sarebbero iniziati ad infilarsi anche nella sua vita. Non c'era niente da fare, certi lavori sono una malattia e lui era malato dalla nascita.

Il dottor Lucentini parlò all'interfono fornendo ragguagli molto precisi.

– Capisco la vostra sorpresa, ma vogliate attendere ancora qualche minuto. Mi sono permesso di invitare una mia collaboratrice. La dottoressa Irene Turati.

L'ispettore Anastasi alzò la mano.

– L'abbiamo incaricata di analizzare alcuni dei pesci degli acquari della cantina di via Matteotti...

– E lei l'ha fatto tempestivamente. Siccome qualcosa non quadrava ha voluto sapere da me alcuni risultati dell'esame autoptico. Ma eccola. Ci sono cose molto interessanti.

La dottoressa Irene Turati aveva al massimo trentacinque anni e non era certo una donna che si perdeva nei convenevoli. Li salutò mentre si alleggeriva della giacca. Occhi azzurri, capelli castano chiari. Una gonna al ginocchio e una camicetta sartoriale piuttosto casta. Era il perfetto stereotipo della professoressa di scienze naturali del liceo se si escludeva l'eccezione di una piccola rosa tatuata che spuntava sul suo collo, una stonatura con la sua mise *Levi Montalcini*. Si presentò andando dritta al problema.

– Non vi ho portato il referto. Non ci avreste comunque capito nulla.

– Grazie di averci evitato la figura di merda.

Irene Turati sorrise.

– Come vi avrà già detto il dottore avevano lo stomaco pieno di quei pesci di merda.

I tre si guardarono. Bel linguaggio per una signorina. Ma Lucentini non gli aveva detto assolutamente niente e adesso rideva divertito dalla sorpresa. Paludi si stava spazientendo.

– Si sono mangiati i pesci dell'acquario?

– Pesci palla commissario. *Fugu* in giapponese. Specificamente sono tetraodontidae. E sono velenosi.

– Se li sono bevuti crudi!

Gongolò Lucentini.

L'ispettore Anastasi era allibito.

Guardò di nuovo la dottoressa come supplicandola di una spiegazione.

– Questa varietà di pesci contiene un veleno, la tetradotossina, un veleno molto più potente del cianuro, prende il suo nome dalla famiglia dei tetraodontidae, pesci con quattro denti fusi in un becco, adatto a troncare conchiglie, crostacei e persino rametti di corallo. Un milligrammo di tetradotossina è sufficiente ad uccidere.

La dottoressa prese uno spillo e glielo fece vedere.

– La quantità che starebbe nella capocchia di questo spillo basterebbe per uccidere una persona, forse due. Loro se ne sono bevuti mezzo bicchiere a testa.

– Ma non sono morti per questo...

– Esatto. La tossina blocca la conduzione nervosa provocando paralisi, vomito, diarrea, convulsioni e infine blocco cardiorespiratorio. E nulla di tutto questo è stato riscontrato al vaglio dell'esame autoptico.

– Sarebbe stata una morte atroce.

– Però il ragazzo ha sparato prima alla donna e poi si è suicidato.

– Forse voleva esser sicuro che in ogni caso sarebbero morti.

– O forse voleva evitare che morissero soffrendo le pene dell'inferno – suggerì la dottoressa Turati. – La pelle e gli organi del pesce palla possono contenere livelli di tetrodotossina sufficienti per produrre la paralisi del diaframma che conduce ad un arresto respiratorio. La tossicità varia tra le specie, nelle diverse stagioni e in diverse località geografiche, e le carni di molti tra i pesci palla di solito non sono tossiche in modo pericoloso. Nel nostro caso si tratta di una delle specie più velenose in assoluto.

– Si spieghi meglio.

– Funziona così: il soggetto presenta dapprima una crescente insufficienza respiratoria; in genere sono presenti dispenea, cianosi e ipotensione. La vittima, nonostante sia completamente paralizzata, può essere cosciente e in alcuni casi completamente lucida fino a poco prima della morte, che in genere avviene in 4-6 ore, con un range stimato da 20 minuti a 8 ore.

Sì, quadrava. Qualcuno poteva averli avvelenati senza lasciargli possibilità di scampo. Oppure in un perfido gioco al massacro gli aveva lasciato la possibilità di togliersi la vita da soli per evitare le conseguenti sofferenze dell'avvelenamento e l'unico ad averne avuto il coraggio in quest'eventualità sarebbe stato il ragazzo.

– Quindi in quel fottuto scantinato c'è un allevamento di pesci velenosi – insistette l'ispettore. Era quasi divertito dalla piega della questione.

Paludi lo liquidò con uno sguardo.

– I veleni si trovano più facilmente e a buon mercato. Non c'è bisogno di usare pesci esotici. Che cosa ancora non so?

La dottoressa Irene Turati scartò un chewingum e se lo mise in bocca. Era un vivident fragola e menta. Un accostamento da crepacuore. Poi degnò il commissario di una risposta.

– Lei non sa che la carne del *fugu* è la più buona del mondo.

Via Pisa numero 42.
Un appartamento con ballatoio e servitù di passaggio

Quant'è che non sentiva il bisogno di un uomo accanto? Il bisogno fisico? L'attrazione che la facesse tremare? Anni ormai. Troppi mesi da quando la relazione con il suo ex marito era andata a rotoli. Aveva avuto una breve frequentazione con un ragazzo che lavorava come animatore di latino nelle discoteche, ma una cosa da poco. Una cosa da una sera e basta a essere sincere. Lui non aveva saputo accordarla sulle note giuste e lei non aveva nessuna intenzione di essere addomesticata. Soprattutto da uno che si sarebbe strusciato ogni sera del mondo sulle gambe di disinibite apprendiste ballerine che tiravano tardi nei locali per rimorchiarsi proprio gente come il maestro di danza. Le era bastato vederlo una volta, una sola volta, con le mani sulla schiena nuda di una cliente per dirsi che quella relazione non sarebbe comunque andata avanti. Miriam aveva questo difetto e cercava di non doverlo mai alimentare: era gelosa come un cane da caccia.

Pigiò sul pedale del freno, mise in folle e si fermò per l'ennesima volta a uno dei semafori di corso Regina. Notò che non c'era nessuna sincronia nella successione degli incroci, a vista d'occhio i semafori erano rosso, giallo, rosso, verde e rosso. Totalmente casuale e scientificamente studiato per portare gli autisti del lunedì sera direttamente sul lettino dello psichiatra. Prese una sigaretta dal pacchetto nella borsa, attivò l'accendisigari e se la mise pigramente in bocca. Perché gli era tornato in mente Esteban, l'animatore di latino? Ecco, stava passando in rassegna la povertà delle sue relazioni sessuali ed affettive da quando si era "separata" dal marito. Era un gioco che in genere non la divertiva particolarmente e aveva il dono magico di portarla nell'ingresso dello stabile della depressione. Ma quel giorno, il gioco, era solo una lunga parentesi per prendere la circonvallazione a monte e attraversare il centro con il massimo di tempo possibile. Procrastinava. Prendeva tempo. Non voleva arrivare al dunque. Il punto in cui tutti i suoi ragionamenti logici e coerenti si frantumavano, non voleva ammettere che quel gesso che usava per scrivere sulla lavagna le regole etiche e ferree del suo procedere nel mondo si era spezzato con uno stridio secco. Sì, Miriam pensò di aver stretto con troppa forza il gesso, la bacchetta con cui governava i pensieri della sua esistenza, quell'ordine morale che si era costretta a percorrere per navigare in acque sicure con la responsabilità integrale della figlia. Dentro il suo tergiversare giunse sotto casa. In via Pisa c'era un discreto viavai, cosa piuttosto singolare. Guardò il balcone del piccolo appartamento ingombro di piante e fiori dove si era trasferita un paio d'anni prima. Di quello era sicuramente soddisfatta. Regio Parco era un quartiere che le era sempre piaciuto, popolare, con un'immigrazione sana e a quattro passi dal centro di Torino. Attraversata la Dora in un paio di isolati si arrivava alla Mole e in piazza Vittorio; poi con la bella stagione si poteva prendere la bicicletta e il Valentino era a un passo. Miriam aprì il portone e inforcò le scale. Non c'era l'ascensore, ma non l'avrebbe mai preso per fare solo due piani. Già sul primo pianerottolo notò che la televisione di casa sua era come al solito un po' troppo alta. Nicole stava guardando qualche cartone animato giapponese, e già da lì si poteva intuire la "guerra" tra qualche razza di esseri colorati. I Gormiti che adorava tanto, forse. A metà della seconda rampa Miriam posò le due borse della spesa a terra e prese fiato. Magari erano anche solo due piani, ma con dei pesi e considerando che non sarebbe stata giovane in eterno, forse l'ascensore non era proprio una cosa inutile in futuro. Entrò nell'appartamento un attimo dopo. Nicole non stava guardando la tv, c'era immersa letteralmente dentro. La salutò distrattamente.

– Niky quante volte te lo devo ripetere che non devi stare così vicina allo schermo? Ti fa male agli occhi. Poi diventi strabica e brutta.

Nicole si voltò e corse a dare un breve bacio alla mamma. Poi si tuffò a piene mani nelle borse della spesa. Stava decisamente meglio, la febbre le era passata da un giorno e mezzo e l'indomani Miriam avrebbe potuto riportarla all'asilo.

– Adesso non è il momento di mangiare le patatine. È quasi ora di cena e in ogni caso cosa dovresti fare prima di mangiare le patatine?

Devo andare in bagno e lavarmi le mani bene bene.

– Ecco appunto.

Nicole continuò a tirare fuori la spesa dalle borsa riponendola a vanvera un po' sul tavolo della cucina un po' sul piano di lavoro a fianco del lavandino. Pasta, pelati, sale grosso, brioche precotte da riscaldare nel microonde. Alla fine incrociò una confezione che attirò la sua attenzione. Una scatola bianca con una lunga striscia blu sul dorso.

– Che cos'è questa mamma?

Miriam stava controllando la bolletta dell'energia elettrica appena recuperata nella cassetta delle lettere. Era moderatamente bassa finalmente. Cambiare lampadina e stare attenta a non lasciare le apparecchiature elettriche in stand-by era servito a qualcosa. Nicole la interrogò nuovamente.

– Mammaaa, che cos'è?

Miriam la guardò e capì a cosa si stesse rivolgendo la curiosità della figlia. Gliela prese di mano, ma senza clamore.

– È una cosa da grandi. Dammi qua.

– È qualcosa che non devo toccare?

– Già angioletto.

– Ma quando sarò grande la potrò toccare mamma?

Miriam prese Niky in braccio e le diede un bacio.

– Spero di no mostriciattolo. Meglio di no.

– Mamma mi manca Solaris.

Miriam si sorprese ancora della naturalezza dei bambini, per loro tutti i discorsi hanno lo stesso valore e saltano da uno all'altro senza inferenze logiche. Invece la maggior parte della gente adulta parla sempre delle stesse cose e nello stesso modo per la maggior parte del tempo. Spesso perfino con le stesse parole. Bisognerebbe tornare bambini ogni giorno del mondo e smetterla di essere così ripetitivi e noiosi pensò Miriam.

– Il gatto pagliaccio è sempre stato un gatto matto. Vedrai che se ne è andato perché ha incontrato una bella micina sul tetto dei vicini di casa. Te l'ho detto. Senti un po'... forse possiamo mangiarci qualche patatina. Che ne dici, mostriciattolo?

Nicole non se lo fece ripetere due volte e tuffò le mani dentro il sacchetto. Poi corse davanti al televisore a vedere l'ultimo combattimento del cartone animato. Miriam tirò fuori il bucato dalla lavatrice e lo mise in una bacinella. Poi montò l'asse da stiro. L'attenzione della figlia adesso era per un documentario sul tre. Parlavano di sport invernali e pattinaggio. Niky saltellava avanti e indietro imitando le campionesse olimpiche, poi si avvicinò con una piccola acrobazia ai pantaloni della mamma e glieli tirò per richiamare la sua attenzione.

– Dimmi angioletto.

– Mamma quando si muore?

Istituto di Medicina legale, corso Massimo D'Azeglio 52

– Un proverbio giapponese dice che chi mangia fugu è un pazzo. Ma anche che chi non lo mangia lo è. Questo la dice molto lunga sulla squisitezza di questo tipo di pesce.

Il commissario sbuffò. Lucentini raccontava barzellette e la dottoressa Turati aneddoti orientali. Si erano preparati il canovaccio e adesso recitavano all'improvviso. Ma la commedia doveva finire. Stavano perdendo la direzione. Troppe cose, tutte insieme, e troppo collegate. Il che significava non capirci assolutamente nulla. Ma l'ittiologa continuò imperterrita nella spiegazione. Paludi sperava che prima o poi arrivasse da qualche parte.

– Il pesce palla in Giappone è una prelibatezza, ed è molto costoso. Ci sono delle tecniche particolari per pulire il pesce eliminando le interiora che contengono le sacche del veleno. Viene servito solo da cuochi specializzati in possesso di un particolare diploma. La loro bravura sta nel lasciare una leggera traccia di tetrodotossina in modo che possa provocare un leggero formicolio ai muscoli del collo e della bocca, come se si stesse venendo veramente avvelenati.

– Lei è molto informata.

– È il mio lavoro commissario.

– Era una risposta ironica dottoressa. Io non lavoro per il Gambero Rosso né per nessun'altra guida culinaria. E mai e poi mai mi verrà voglia di mangiare questi pesci del cazzo.

L'ispettore provò a mettere una pezza alla piega che stava prendendo l'animo del suo superiore per evitare scontri.

– A Torino dove si può consumare?

Adesso la dottoressa si era impettita, ma dopotutto era giovane e aveva conservato un minimo di elasticità.

– Da nessuna parte. Nella comunità europea la somministrazione del tora fugu è vietata.

– Quindi chi lo vende illegalmente potrebbe realizzarne prezzi decisamente alti.

– Immagino di sì.

– E questo potrebbe spiegare quella specie di allevamento.

– Sì ma non spiega perché ci siano due morti che se ne sono ingurgitati un bicchiere e poi il conseguente omicidio suicidio.

Il dottor Lucentini era rimasto zitto per tutto il tempo, adesso era venuto il suo turno. L'aveva studiato con cura. E già si divertiva dell'idea. Aveva un'altra sorpresa, ma stavolta non era solo per i poliziotti, era una sorpresa per tutti. Ne aveva tenuto allo scuro anche la dottoressa.

– La ragazza nello stomaco aveva solo resti di questa specie di pesce e di altre sostanze organiche, forse lo spuntino del mattino. Ma il ragazzo aveva mangiato altro. Qualcosa di altrettanto indigesto.

Lucentini prese la busta di plastica e la fece vedere a tutti. Il commissario Paludi bestemmiò. Erano una manciata di comuni ovuli utilizzati dai narcotrafficanti per trasportare all'interno dell'apparato digerente sostanze stupefacenti.

– Cocaina?

– Nemmeno l'ombra ispettore. Il tipo di involucro è lo stesso ma è servito per trasportare un contenuto molto diverso.

– Che cosa ha trovato lì dentro dottore?

Lucentini ne aprì uno con studiata lentezza. Poi lo depose sul tavolo mostrandolo agli altri.

– Documenti. Il nostro amico si è mangiato un passaporto e una carta d'identità.

Pensione Gianna, via Berthollet numero sei

Analinda si guardò allo specchio.

Faceva caldo e sudava, una macchia le appiccicava il vestito a fiori alla pancia.

V. la guardava con attenzione, ancora nudo seduto sul bordo del letto della pensione. La camera sapeva di vecchio e di polvere, le tende in fondo erano sbriciolate dal tempo e l'unico armadio era foderato di carta da parati con un motivo floreale in bianco e nero. V. fumava lentamente una sigaretta arrotolata a mano e investigava con attenzione la pelle della ragazza. Aveva le labbra di una cantante di blues, forse per la voce impastata con il tabacco, magari per la bocca di miele.

Analinda la *puta*; ventiquattro anni, da sei anni abitava in Italia, da sei mesi e qualche giorno stava insieme a lui. V. si guardò il membro a riposo e diede una tirata alla sigaretta. Analinda aprì leggermente le imposte così da far entrare una lama di sole. Poi mise la sedia in luce, ci si sedette sopra, divaricò leggermente le gambe. V. seguì tutto con estrema attenzione. La ragazza prese un piccolo pennello da schiuma da barba e lo intinse in una ciotola dorata dal coperchio di vetro. Lo faceva sempre, ma a giorni alterni. Analinda si schiariva i peli del pube con l'acqua ossigenata per armonizzarli con i capelli. Al buio diventavano talmente chiari e trasparenti da sembrare invisibili. A volte V. li ritrovava spaiati nel letto, quando ormai era solo. Li prendeva e li annusava in controluce. Sapevano di sandalo e sapone.

Finito il lavoro Analinda si alzò in piedi davanti a V. rimanendo in controluce. Lui appoggiò d'istinto le spalle sul materasso per poterla guardare meglio. Era altissima. Così con i tacchi superava agevolmente il metro e ottanta. Analinda fece un paio di passi verso di lui e la luce alle sue spalle ne accompagnò i movimenti abbronzandola e incuneandosi tra le gambe. Quando arrivò a meno di un metro si bloccò e prese un lungo respiro prima di parlare.

V. si rialzò con calma, ma risoluto. Le poggiò le mani sui fianchi, da dietro, e poi le fece scendere sulle natiche. La avvicinò lentamente. Si mise un dito davanti alle labbra per farle segno di non parlare. Poi la baciò sotto l'ombelico ad occhi chiusi.

– Sai mi succede continuamente di pensare a tutte le donne con cui sono stato bene. Per un anno, o anche solo per un pezzo di una notte. Penso a loro che tornano e io che me le scopo.

Analinda non si scostò. Sorrise e gli mise una mano nei capelli scompigliandoli mentre raccontava. Lui la baciò ancora sul ventre e poi brevemente scese al sesso.

– Mi succede anche con tutte le donne belle che incontro, vorrei farmele tutte, qui su questo divano, sul tavolo, per terra, in mezzo alla strada. E sai perché le voglio tutte?

Analinda fece l'ultimo passo e si sedette sulle sue gambe. Gli strinse le mani dietro al collo, tenendogli stretta la nuca come fosse stata una coppa di champagne. Poi spense la luce sul comodino e glielo disse.

– Le vuoi tutte perché non puoi avere solo me.

Lui vide le parole accendersi come neon nel nero della stanza, la sdraiò sulla schiena e la prese facendosi guidare dal respiro. Non cambiò mai posizione fino a che non vennero entrambi, prima lei e poi lui, ma vicini. Vicini come un alito. Ma, mancava qualcosa. Manca sempre qualcosa.

Dopo ogni vittoria come dopo ogni sconfitta. C'è sempre una malinconia di fondo che trucca le partite. V. non pianse. Non lo fece nemmeno quella volta. Non lo fece perché nessuno gliel'aveva mai insegnato. Era convinto che le uniche lacrime che un uomo avesse il diritto di versare fossero quelle di felicità. Nel dolore non gli sembrava consentito mostrare debolezza.

Qualche attimo dopo – o era forse un'ora – riuscì a sentire Analinda che si sciacquava nel bidet. L'acqua scrosciava e lei cantava la sua canzone. Sempre la sua voce che andava su e giù lungo gli otto passi del tango. Poi V. cadde nel sonno. Senza metrica come dopo troppo dolore. Come in quel canto di Dante. Come quel corpo morto che cade.

Via Montebello numero 21, al terzo piano, la finestra che dà sul corso

Ormai iniziava a fare notte presto.

La sera arrivava prima di cena come un ospite sgradito, i giorni si sarebbero accorciati fin oltre la metà del mese, e prima o poi sarebbe arrivata la neve. Torino per il momento si faceva il trucco, se ne sbatteva dei malanni di stagione, del reiterarsi insipido dei discorsi sul tempo. In consiglio comunale si discuteva di utilizzare una tecnica collaudata in Cina per bombardare le nubi con ioduro d'argento ed e inibire le nevicate. I soliti dibattiti per fuorviare l'opinione pubblica ed evitare di affrontare problemi più seri. Giorgio Paludi si staccò dalla finestra che dava d'angolo su corso San Maurizio. Non erano nemmeno le sette e trenta e il panettiere aveva già chiuso, lungo la via era rimasta aperta solo l'impresa di onoranze funebri. Certo per loro la crisi non sarebbe mai arrivata. O forse sì, il mondo era più strano della merda. In Germania stavano conquistando il mercato imprese di onoranze funebri specializzate nel low cost. Ti seppelliscono con lo sconto. Una pubblicità provocatoria sosteneva: "Perché andare in giro vivi quando possiamo seppellirvi per quarantanove euro e cinquanta centesimi?".

Il commissario si sforzò ancora una volta di fare il punto della situazione prima del briefing che si sarebbe tenuto dopo cena nel suo ufficio. Diede anche un'occhiata distratta alle pagine locali dei giornali, ma dato l'orario dell'omicidio non era ancora uscito nulla di interessante. L'indomani si sarebbero scatenati.

Paludi guardò le valige del viaggio ancora da disfare. Chi c'era in casa quando l'ispettore gliele aveva recapitate? Domanda stupida. La spia della segreteria telefonica lampeggiava nell'angolo della credenza. Paludi si costrinse ad ascoltare la voce di Eva. "Giorgio, sono io. Tutto bene? È passato l'ispettore a portarti le valige ma stavo già uscendo e non ho avuto il tempo di mettertele a posto. Ieri te ne sei andato senza dire niente e oggi non ti sei fatto sentire... Giorgio, stammi a sentire, adesso me ne vado a casa, ma io credo che" Il commissario interruppe l'ascolto del nastro. Tirò fuori una sigaretta dal pacchetto e la accese. Aprì la finestra e si mise a fumare. Iniziò mentalmente a riepilogare la giornata.

Finita la visita all'istituto legale l'ispettore Anastasi aveva fatto il puzzle con i resti dei documenti ingurgitati dal ragazzo. Non era stato facile, ma erano perfettamente leggibili. Ora i due cadaveri avevano un nome. La ragazza aveva solo ventidue anni, Malgorzata Ujda, di Oswiecim a cinquanta chilometri da Cracovia. Tristemente nota con il nome affibbiatole durante l'occupazione nazista: Auschwitz. Lei, cittadina polacca. Incensurata, niente a carico. Lui, Leonardo Sistina, trentasei anni di Castiglione Falletto, un paesino delle Langhe in provincia di Cuneo. Un precedente per truffa. Si era presentato a casa di una pensionata con un falso tesserino della Rai per riscuotere una fantomatica tassa aggiuntiva sul possesso di un televisore supplementare. Niente di eccezionale. Una polacca e un italiano. Per ora un nesso non si era ancora trovato. Avevano appena inoltrato la richiesta di fare un controllo tramite il ministero degli interni sul loro conto ed erano in attesa di una risposta. In ogni caso c'erano da avvisare le famiglie. Il Paludi riprese le foto e le mise sul tavolo. Due persone di bell'aspetto, ma con un'espressione dimessa e anonima. Come in ogni documento d'identità. Poi andò avanti con le immagini della scientifica. Iniziò a fare il film del delitto. Due morti. Un uomo e una donna. Sono in una stanza dove vengono allevati illegalmente pesci velenosi per un'ipotetica somministrazione a pagamento. Bevono, o sono costretti a ingerire, una dose mortale della carne dei pesci, poi l'uomo uccide la ragazza – con un fucile da caccia calibro dodici – e prima di togliersi la vita fa a pezzi i loro documenti, li infila in alcuni ovuli usati abitualmente per superare i controlli doganali degli aeroporti e li ingerisce. L'unica cosa sicura era che voleva che li trovasse solo la polizia e nessun altro. Paludi prese il cellulare e chiamò l'ispettore.

– È arrivato il rapporto delle impronte digitali? Voglio sapere se è entrato qualcun altro in quella cantina.

– Buonasera commissario. La risposta è sì ad entrambe le domande. La stavo giusto per chiamare. Ci sono tredici impronte pressoché complete. Nove sono dell'uomo, due della ragazza. E due non appartengono a nessuno di loro.

– Dove sono state rinvenute le impronte della ragazza?

– Sulla canna del fucile.

– L'ha impugnato?

– No. Sono ipotizzabili in una presa frontale. Forse l'ha guardato in faccia mentre la ammazzava. Se lo è posato addosso con le sue mani e...

– Arrivo fra mezz'ora.

Paludi troncò la conversazione. Andò al frigo a cercare una birra, ma l'aveva già finita. Sei birre in ventiquatt'ore, non male. Decise di fare un salto al pub all'angolo prima di andare in questura, doveva sentire il calore di qualche cosa. Prima di uscire tornò alla segreteria telefonica e schiacciò nuovamente il tasto per la riproduzione. La voce della sua fidanzata lo seguì fin sul pianerottolo dell'appartamento mentre indossava la giacca per uscire. "...Giorgio, adesso me ne vado a casa, ma forse credo che tra di noi sia finita". Paludi si fermò un secondo sulla soglia, poi sbatté la porta senza chiuderla a chiave. Fuori stava iniziando a piovere. Pioggia sporca mista neve. Stava arrivando un altro inverno... *Giorgio, adesso me ne vado a casa, ma forse credo che tra di noi sia finita... Forse l'ha guardato in faccia mentre la ammazzava... Se lo è posato addosso con le sue mani e...* Forse. Troppi forse in quella notte di merda di novembre e nemmeno lo straccio di una certezza.

Commissariato di polizia, via Verdi numero 11, primo piano

L'ispettore Anastasi e il sovrintendente Scianna erano incollati alla macchinetta del caffè. Entrambi avevano gli occhi rossi dal sonno, ma il sovrintendente era galvanizzato dal giocare al poliziotto che lavora senza sosta per inchiodare quelli che non han rigato dritto. L'ispettore lo ascoltava con rispetto, anche lui vent'anni prima era stato così. Puliva il colletto e i polsini della divisa due volte al giorno, inamidava le camicie, si guardava allo specchio continuamente, il suo cappello era lucido come la statuetta di una Rolls. Quell'attenzione sarebbe durata ancora qualche stagione, forse anni. Ma poi anche il sovrintendente avrebbe capito come giravano le cose, avrebbe inesorabilmente perso l'entusiasmo, sarebbe diventato cinico e avrebbe avuto difficoltà ad amare la sua ragazza. Per adesso era contento di andarsene in giro a testa alta, orgoglioso della sua divisa e del suo lavoro. Era a posto con la coscienza. Poi pian piano si sarebbe reso conto che qualcosa lo stava fottendo e che gli avrebbe fatto meno male se ogni tanto avesse chinato la schiena per prenderlo meglio.

Il commissario arrivò alle undici meno venti, era incazzato come un fabbro. Ai colleghi bastò uno sguardo per capire che li avrebbe torturati finché non fossero venuti fuori dei risultati. Paludi mise trentacinque centesimi nella macchinetta del caffè, poi gli diede una botta sul fianco.

– Lasci stare commissario. Lo zucchero è finito stamattina.

– Non volevo lo zucchero. Lo zucchero si mette solo quando il caffè fa schifo. Uno si sfoga come gli viene meglio.

– Allora lo zucchero ci vuole proprio!

Paludi lo freddò con uno dei peggiori sguardi in tralice che gli potessero venire.

– Veloce.

– La ragazza morta...

– Adesso ha un nome.

– Malgorzata Ujda, detta Gosia, alias Irina, alias Mihaela, il quadro generale è di una donna che si dava da fare, in tutti i sensi, per sbarcare il lunario. Stirava, accompagnava gli anziani, faceva la spesa. Ci sono un sacco di chiacchiere su di lei. Ma l'idea che mi sono fatto è che fosse più furba di quanto si potesse immaginare. Un paio di condomini mi hanno fatto capire esplicitamente di avere avuto della attenzioni e delle mire specifiche nei confronti di Malgorzata, che lei accettava aiuti economici, lavori, inviti a cena, ma alla fine inesorabilmente svicolava.

– Faceva la *mussa* di legno.

– Esatto.

– Quindi secondo lei le affermazioni del Caponi sono solo illazioni?

– Se lei vedesse una ragazza giovane e straniera, con pochi soldi in tasca uscire a cena con uno stimato professionista a sei zeri, cosa penserebbe?

– Che in un caso su cento sono innamorati. Negli altri novantanove lui se la porta a letto e le fa dei regali.

– Dice che questa volta abbiamo beccato l'eccezione alla regola?

– No dico solo che il notaio Terminati è uno che può tranquillamente pagarsi qualsiasi eccezione che possa confermare la sua regola. A parte tutto, non mi sembra il tipo da mettere in piedi un omicidio così teatrale.

– Non dimentichiamoci che la ragazza ha abortito in tempi recenti. Potrebbe esserci un collegamento.

– Di sicuro vuole solo dire che qualcuno l'aveva messa incinta. Ma non andiamo troppo oltre. Atteniamoci ai fatti. L'aborto non era recente. Concentriamoci su quell'allevamento di pesci. Se quei due erano lì qualcosa c'entrano. Passa da lì la nostra indagine. Ha ragione il caffè faceva schifo. Avete avvisato i parenti di quei poveretti?

– Abbiamo provato, ma per ora non abbiamo trovato nessuno. Abbiamo solo il recapito telefonico polacco della ragazza. Invece l'uomo pare avere al mondo solo la madre vedova. Abita in una cascina del cuneese. Ma è senza telefono. Ho avvisato la stazione di polizia locale di andarla a informare domattina. Pensavo non ci fosse fretta. Vuole che anticipi i tempi?

– Lasci perdere e faccia dormire quella donna tranquilla la sua ultima notte. Adesso dobbiamo concentrarci sul messaggio che i due ragazzi hanno voluto lasciarci. L'uomo prima di morire ha ingerito degli ovuli contenenti i loro documenti. Ma primo, i documenti erano a pezzi, non aveva intenzione di utilizzarli in futuro. Secondo credo avesse abbastanza chiaro che in una morte del genere ci sarebbe stata un'autopsia.

– Quindi è evidente che volesse farci pervenire questo messaggio.

– Già voleva che sapessimo solo noi.

Il commissario accartocciò il bicchiere di plastica del caffè e tentò di fare canestro nel cestino dell'immondizia, ma il bicchiere saltò sul bordo e finì dietro alla spazzatura.

– Una volta ci riuscivo sempre.

– Io ho giocato due anni nella Propaganda. Andavamo in giro per tutta la provincia a fare i tornei di pallacanestro.

Giorgio Paludi lo guardò, il sovrintendente era alto più o meno come il distributore automatico, gli assomigliava persino nelle proporzioni, e a lui non sembrava di ricordare che i distributori del caffè fossero dei buoni *pivot*.

– Una volta riuscivo sempre a leggere le scene del delitto. A decifrare i messaggi che ci sono scritti. Non mi stavo riferendo al basket. Dia qua.

Scianna gli porse il proprio bicchierino, il commissario riprovò l'operazione e utilizzando il muro come tabellone fece centro. L'ispettore Anastasi sorrise e gli diede una pacca sulla spalla.

– Bel gancio commissario. Stia tranquillo, quello stronzo lo troviamo.

Poi lanciò la lattina di Coca che aveva appena finito di bere in aria e la colpì con un piede. La lattina centrò in pieno il cestino colmo di carta e bicchieri rovesciandone tutto il contenuto a terra. Si chinarono tutti e tre all'unisono per riparare il danno. L'ispettore Anastasi diede una capocciata al collega. Rimasero tutti e due chiappe a terra e mano sulla fronte. L'ispettore trovò la posizione comoda e ne approfittò per farsi un riposino. Forse la cura che stava facendo per la narcolessia non era ancora quella giusta. Il commissario che fortunatamente aveva tardato nel chinarsi tornò in posizione eretta e si fermò a guardarli dall'alto del suo metro e novantacinque. Se non era un numero da clown poco ci mancava, avrebbero senz'altro potuto proporlo con successo al direttore del circo Togni. Da quando lavorava in quel commissariato aveva visto materializzarsi le migliori barzellette. L'agosto precedente un agente dell'investigativa si era bevuto l'acqua di Lourdes durante il sopralluogo in casa di una vedova pensionata e la donna li aveva denunciati. Avevano dovuto riparare con un finto malore dell'assistente capo a causa dell'eccessiva temperatura.

Alla fine Paludi si chinò a dare una mano al sovrintendente, raccolse bicchieri e cartacce. Poi trovò uno scontrino. E la carta di una merendina. Li controllò meditabondo. L'ispettore continuava la siesta.

– Scriviamo tutti questi dati sulle confezioni dei prodotti. C'è la data di scadenza, ci sono gli ingredienti, c'è la fabbrica dove sono stati confezionati, il lotto che ci consente una tracciabilità...

– È come una carta d'identità.

– Esatto sovrintendente. Se la nostra strada si perde cronologicamente dobbiamo risalirla fino al primo punto fermo possibile e poi iniziare a percorrerla. Della ragazza qualcosa abbiamo iniziato a sapere e siamo in attesa di un rapporto dalla polizia locale polacca. Del ragazzo invece che cosa sappiamo?

– Niente.

– Non è corretto. Sappiamo che ha una madre che vive a Castiglione Falletto. E da lì la nostra strada si perde.

Scianna si strizzò le palle nei pantaloni, la caccia continuava e lui era galvanizzato come un cavallo da corsa drogato.

– Sello i cavalli?

– Scianna, ha già finito con il rapporto sui condomini di via Matteotti?

– Non ancora commissario.

Nel frattempo l'ispettore Anastasi si era messo a russare. Paludi lo indicò.

– Quando si sveglia gli dica che domattina ci aspetta una gita nelle Langhe. Sette in punto sotto casa mia. Arrivederci.

Onoranze funebri Abu Simbel, corso San Maurizio 45

I preti li odio.

Con la morte ci giocano.

Dispensano gironi e penitenze. Inferno e iperuranio.

Non è un bel mestiere giocare con la fine del mondo. Bisogna essere corretti. Io offro dei servizi che hanno una contropartita. I miei prezzi stanno sulla carta, ci sono dei contratti. Se non vi va bene qualcosa potete farmi causa. Se vi va qualcosa che non sta sulla carta possiamo metterci d'accordo sottobanco. Ma tutto quello che vendo, tutto quello di cui parlo, ha un senso geografico e una posizione ben determinata in questo mondo. Non racconto bugie a nessuno. Mi occupo di un lavoro che molti non esiterebbero a definire poco nobile, sono già stato chiamato sciacallo, vampiro; senza cuore. Ma non tradisco. Non illudo. Il mio lavoro è la testimonianza della continua vittoria della morte sulla vita. Giornaliera. Estenuante. Efficiente. Io sono solo un povero impiegato ai suoi eterni e ciclici uffici. Non mi sono mai sognato di far guardare alla gente il cielo indicandogli la vita perpetua e la resurrezione. Le stelle sono incollate da un infinito manto nero, la nostra solerzia nell'aiutare la morte è sconvolgente: non vogliamo vivere. È questa la verità. Ci fa schifo. Le responsabilità ci schiacciano. Fumiamo, beviamo, tradiamo. Sempre. E invece dovremmo festeggiare ogni giorno. Ogni misero fottuto giorno che abbia avuto l'onore dell'alba e il commiato di un tramonto. E invece crediamo a sistemi di fede che ci aiutino a perdonare i nostri peccati, recitiamo formule magiche per ottenere intercessioni per le nostre colpe. Inventiamo superstizioni e riti sciamanici da compiere ogni sera per dormire senza sogni. E le chiese vendono i loro monili, aspergono le navate d'incenso. C'è chi si mette di fronte a una parete bianca a ripetere monocorde mantra – *namyohorenghekio* – chi si veste d'arancione e cammina scalzo sugli altopiani della terra, chi bussa porta a porta vendendo torri d'abele. Ma lo sanno tutti che il primogenito di Eva è stato ucciso da suo fratello Caino. Suo padre è stato tratto in errore dalla moglie. E *quel dio vendicativo e noioso imparato andando a dottrina* li ha puniti per l'eternità puntando un dito e voltandoci le spalle per sempre.

Vedete, sto parlando a braccio, potrei andare avanti ore. Non è difficile tenere sermoni, aizzare le folle, chiudere gli uomini in gravide stanze d'oppio. È molto più complicato servire, camminare con le proprie gambe, ci potete credere se ve lo dico io. So quello di cui parlo.

Poi, ve l'ho detto, arriva sempre qualcuno a interrompere la deriva dei miei pensieri. Come adesso. Sono due donne, hanno appena superato i sessanta, forse sono due sorelle. Appena parlano potrei pensarle immigrate del sud Italia, di prima generazione. Di quelle che hanno aspettato i mariti in casa di ritorno dal turno di lavoro in fabbrica. Ogni giorno in casa ad aspettarli, ed ora magari tocca loro seppellirli. Questa è la vita.

Si avvicinano e le faccio accomodare davanti alla scrivania. In genere evito di pronunciare frasi banali e fuori luogo come "In cosa posso esservi utile?" o "Avete bisogno di qualcosa?". Mi limito a stare zitto e alla fine, normalmente, parlano loro. A volte mi raccontano tutta la vita, a volte schiettamente chiedono un preventivo ordinano e se ne vanno.

– *E pure la Maria se n'è ita.*

– Quanti anni aveva signora?

– Ne mancava uno che *campava* fino a cento!

– Una bella età signora.

– D'altronde, prima o poi tocca a tutti.

– *Eh, quello iè poco ma sicuro.*

– *Sì-sì, nun c'è niente da fa': quanno chiama, tocca a risponne.*

Comprendo che la defunta è una zia, sorella della loro madre, che non ha parenti e, a giudicare dalle richieste per la commemorazione, probabilmente sta lasciando loro in eredità una discreta fortuna. Letto e sottoscritto il contratto si alzano e se ne vanno come sono venute, sottobraccio e continuando a conversare a voce alta all'interno della loro campana di confidenza. Apro la porta con l'interruttore elettrico.

– *Semo nati pe' tribolà e poi alla fine va', chiuse ma 'na bara e 'nzeppate ma 'n fornetto.*

– *Vedrai che pure a noi ce manca poco.*

– *Niente de più facile che la prossima so' io.*

– *Seh, quanto voe scommette che fo prima io?*

– *Tu?! E tu va' le stae bene! Io invece so' 'na poaretta! So' tutta 'n dolore!...*

Discorsi, qualche sprazzo. La canzone se ne va in lungo dalla radio e le accompagna fuori dalla porta in quattro quarti. *La comédie d'un jour. D'un jour d'ta vie, la comédie, la comédie.*

Percorrendo la A6
in un'auto di servizio senza contrassegni

Era una mattina soleggiata di novembre, forse una delle ultime che avrebbero visto quell'anno. Alcuni piccoli banchi di nebbia si stavano diradando ai lati della tangenziale sud di Torino. Nei campi la brina iniziava a sciogliersi e dava bagliori di ghiaccio. Il termometro di serie della 147 senza contrassegni indicava nove gradi centigradi. L'ispettore Anastasi guidava con gli occhiali da sole, il commissario non aveva chiuso occhio e cercava di riposarsi, ma con un narcolettico alla guida non era così semplice.

– Commissario se mi continua a fissare mi innervosisco. E innervosirmi potrebbe non aiutare la mia narcolessia. Quindi...

– Quindi ho un buon motivo per fissarla visto che potrebbe addormentarsi alla guida di una vettura che procede a centotrenta chilometri orari.

– Non mi addormento alla guida da sette anni ed è successo solo due volte. Eppoi la strada è dritta per chilometri e non c'è traffico.

– Adesso sì che sono tranquillo.

Paludi abbassò il finestrino di un palmo e si accese una sigaretta. L'ispettore se la rideva di gusto.

– E adesso cosa ci sarebbe di così divertente?

– Anche lei una volta si è addormentato alla guida. Se ne è dimenticato?

– Non me ne sono dimenticato ispettore. Ma ero in un parcheggio e completamente ubriaco. Non è la stessa cosa.

Era successo tre anni prima all'addio al celibato di un loro collega che si era fatto impalmare da una badante romena. Si era tracannato una quantità a dir poco smisurata di Wisniuka, un liquore alla ciliegia che veniva servito ghiacciato e dava allucinazioni già al terzo bicchiere. L'aveva svegliato un agente della municipale, perché era vero che si era addormentato in un parcheggio, ma non precisamente negli spazi assegnati. In sostanza chiudeva parzialmente l'accesso a un vicolo. Era stata una delle poche volte che aveva fatto valere il suo ruolo per evitarsi una multa. Ma ai colleghi la scenetta non era affatto sfuggita e l'avevano preso per il culo più di una volta.

Passata la barriera di Carmagnola attraversarono la campagna ascoltando Isoradio. Il casello autostradale di Marene fu anticipato dal perseverante odore di letame che contraddistingueva da sempre la zona ad alto tenore di allevamento, più che altro maiali. Il commissario si chiese come dovesse essere convivere quotidianamente con quell'olezzo e in sostanza se ci si potesse abituare a vivere in una continua puzza di merda. Proseguirono via statale fino nei pressi di Cherasco, poi presero la provinciale per le Langhe e fortunatamente la pianura e il letame lasciarono il posto alla collina e a un profumo persistente di tannino. Era periodo di tartufi e una discreta teoria di striscioni annunciavano sagre e degustazioni in quasi tutti i comuni. In alto appena lambito dal sole intravidero il castello di Grinzane Cavour e poco avanti le enormi tenute di Fontanafredda. Anastasi guardava il paesaggio come un terranova di fronte a una vetrina della salumeria. Guardava i vigneti e sognava i formaggi. Risotti di tartufo e salsiccia alla graticola. Paludi lesse nel suo pensiero.

– Oggi non abbiamo tempo. Ma una domenica ci veniamo a fare una bella degustazione in cantina. Mettiamo le gambe sotto al tavolo finché non ci finiamo sdraiati sotto.

Un cartello stradale segnalò la distanza che li separava da Castiglione Falletto. Erano solo tre chilometri. Non solo l'ispettore non si era addormentato, ma non si era nemmeno perso. Guardò l'orologio: mancavano dieci minuti alle dieci. Fece parcheggiare l'ispettore nella piazza del paese e si fermarono a prendere un caffè al bar-alimentari. Un tizio con i baffetti sale e pepe glieli servì non troppo cortesemente in due tazzine spaiate. Di sicuro non erano abituati ai turisti. In quei paesi la parola *forestieri* aveva ancora un significato. Poi il gestore glielo chiese.

– Chi state cercando?

Giorgio Paludi guardò l'ispettore pensando di trovarlo in divisa, in realtà erano entrambi in borghese, per cui dovevano avercelo scritto in faccia che lavoravano per il ministero degli interni.

– Siete della polizia, no?

Il commissario si avvicinò al bancone mentre il signore si puliva le mani sullo strofinaccio del Bianco Sarti.

– Mi perdoni, è così evidente?

– Beh, avete una macchina scura di grossa cilindrata con l'assetto ribassato e lo scarico modificato. Poi sul cruscotto c'è appoggiata la sirena.

Paludi era sbalordito. Il tizio dell'alimentari a forza di guardare dalla porta-finestra in attesa dei clienti aveva acquisito una vista bionica e una strabiliante attenzione per il dettaglio.

– Al prossimo bando di concorso venga a presentarsi. C'è bisogno di gente come lei in polizia. E comunque già che ci siamo potrebbe indicarci dove si trova Strada della Pira?

– Dovete andare dalla signora Sistina? È appena fuori dal paese proseguendo per Gallo D'Alba. Dovete rifare un cinquecento metri tornando da dove siete venuti e prendere la prima strada sterrata sulla sinistra.

I due poliziotti si guardarono di nuovo sorpresi.

– Non guardatemi così! Stavolta era troppo facile, in strada della Pira ci abita solo la signora Sistina. È mezza matta. E state attenti ai cani!

Strada della Pira, Castiglione Falletto, provincia di Cuneo

Il titolare del bar del paese aveva ragione. I cani iniziarono a latrare appena Paludi e l'ispettore parcheggiarono la macchina dal lato opposto della strada. Erano tre, un dobermann e due cani lupo secchi come alici. Saltavano fino a metà della rete di recinzione mostrando i canini. La rete delimitava il confine dell'abitazione ed abbracciava quello che presumibilmente era il terreno di pertinenza. Un ventaglio digradante coltivato a vite ed esposto in maniera ingrata verso nord. La casa era una vecchia corte segnata dal tempo. L'unica parte abitata sembrava l'angolo che dava sulla strada sterrata, intonacato sommariamente e con gli infissi d'alluminio dai doppi vetri. Il commissario e l'ispettore si avvicinarono con circospezione. I cani li seguirono abbaiando sempre più forte lungo il perimetro. Paludi notò che non era possibile suonare il campanello della casa in quanto era posto sul portoncino d'ingresso oltre il cancello della recinzione. Ad ogni modo se era in casa la signora di sicuro doveva aver sentito il fracasso degli animali e sarebbe arrivata da lì a poco.

Da lì a poco arrivò invece un colpo di fucile. Giorgio Paludi si gettò a terra e trascinò con lui dietro un terrapieno lì accanto l'ispettore. D'istinto mise mano alla fondina, ma quella mattina non l'aveva indossata. Non pensava certo di dover affrontare un ok corral in un vigneto delle Langhe. Anastasi lo guardò negando con il capo. Nemmeno lui era armato.

– Andatevene via!

Poi un altro colpo esplose, forse dall'angolo dove c'era il fienile.

– Andatevene via, o chiamo la polizia!

Forse c'era uno spiraglio per aprire la trattativa. Il commissario alzò il distintivo in alto oltre il terrapieno.

– Siamo noi la polizia! Metta via quel fucile. Si calmi perdio!

Seguì una pausa in cui anche i cani smisero di abbaiare. Avevano sentito la voce della padrona e ora attendevano ordini.

– E chi me lo garantisce?

– Glielo garantisce il fatto che se non viene fuori entro un minuto e non ripone l'arma, chiamo l'esercito e le faccio bombardare la casa.

La signora Sistina sembrò sorpresa. Si avvicinò alla recinzione imbracciando una vecchia doppietta. Paludi le tese il distintivo. La signora li squadrò da capo a piedi.

– Siete della polizia.

Poi si ricordò di avere in mano il fucile.

– Vogliate scusarmi per l'inconveniente. Ma è solo caricato a salve. Sapete non si sa mai con la gente che gira oggi al mondo.

La vecchia depose l'arma e gli porse la mano attraverso il cancello. Solo in quel momento Paludi notò che non era affatto vecchia, aveva al massimo una sessantina d'anni, e che soprattutto loro erano venuti a comunicarle che il figlio era morto in circostanze a dir poco singolari.

– Possiamo entrare un momento signora?

– Ma certo venite pure!

Così dicendo spalancò il cancello, i cani si mossero e i due poliziotti arretrarono di un passo.

– State tranquilli. Fanno tanto rumore ma sono degli angioletti.

Gli animali si avvicinarono pericolosamente, ma si misero semplicemente ad annusargli l'orlo dei pantaloni. Il terzo, il dobermann invece stava a distanza e continuava a ringhiare.

– Stia tranquillo. Fa così il mio Astros perché l'ho dovuto far sterilizzare. Si sfoga come può.

– Sarà anche sterile signora, ma io e il mio collega non abbiamo paura che ci sodomizzi, semplicemente vorremmo evitare di essere morsi.

La signora Sistina si dimostrò finalmente ragionevole e si convinse ad allontanare il caro Astros, mentre gli altri due cani zampettarono pacificamente facendogli da corteo fin sulla porta di casa.

Entrarono in una cucina molto rustica, su di una stufa accesa al centro della parete stava cuocendo un minestrone. Si sentiva il dolce della zucca e un odore penetrante di basilico. Il commissario ebbe un gorgoglio automatico allo stomaco. Da quando stava a Torino non si ricordava di averne mangiato uno. Possibile che avesse sempre così tante cose da fare da non avere mai trovato un'ora per prepararsi una minestra?

La donna li fece accomodare al tavolo, ma non si sedette. Versò loro un paio di bicchieri di vino rosso senza chiederlo; poi li fissò alternativamente.

Dalla finestra aperta sulla campagna si poteva vedere buona parte del vigneto. Non c'era nessuno al lavoro e il cielo sopra era di un azzurro pulito e intenso come una tovaglia appena lavata.

– Si tratta di mio figlio.

Giorgio Paludi annuì abbassando il capo.

– Sì signora. Mi dispiace.

Via Pisa numero 42, un appartamento di ballatoio con servitù di passaggio

Per tutto il tardo pomeriggio e la sera seguente Miriam cercò di allontanare il pensiero che le dava tormento. Si buttò a capofitto nei lavori di casa e tenne lontana dal televisore Nicole per una buona mezz'ora leggendole una storia da un vecchio libro di favole tradizionali della sua terra.

Per cena si diede ancora da fare, preparò a mano la maionese come le aveva insegnato sua mamma. Aggiunse l'olio e l'aceto goccia a goccia sbattendo il tuorlo con la senape di Digione e gli aromi fino a farlo emulsionare ed amalgamare completamente, come tocco finale, in questo stava la differenza dalla maionese classica, aveva abbinato del prezzemolo fresco appena tritato e un goccio di dragoncello. Poi aveva grigliato due petti di pollo e se li erano mangiati accompagnati dall'insalata. Incredibilmente Nicole non aveva fatto storie quella sera e riuscì a metterla a letto con una certa facilità. Miriam ne approfittò per controllare le rate della macchina. Gliene mancavano soltanto sei. Sei mesi ed avrebbe finito di pagarsi il trabiccolo. Ancora metà anno ed avrebbe avuto a disposizione duecento euro in più ogni mese per badare alle spese. Centonovantasette per l'esattezza. Non era molto, ma forse avrebbe potuto considerare di iniziare ad andare dal dentista per curarsi quella carie che a stagioni alterne la faceva dannare. Era solo una piccola vittoria, ma lei giocava in trasferta e ogni punto valeva doppio.

Messa a letto Nicole controllò la temperatura del boiler nel bagno. Considerò che fosse adeguata. Poteva fare una doccia, avrebbe risparmiato qualche minuto il mattino seguente. Si spogliò completamente davanti allo specchio. Per avere trentasette anni era piuttosto ben fatta, quasi niente cellulite né smagliature. I suoi seni non erano certo più sodi e alti come quando aveva vent'anni, ma nella loro naturalezza facevano ancora un bell'effetto: erano grandi e piuttosto tondi. Poi si avvicinò di un passo e iniziò a studiare la propria faccia da vicino. Si accorse che aveva delle rughe, agli angoli della bocca, vicino agli occhi. Impercettibilmente anche sulla fronte. Quando le erano venute? Non avrebbe saputo dirlo, di certo non era stato dalla sera al mattino, eppure non riusciva a capire quando fosse potuto iniziare quel processo di decadimento. Volle controllare anche il collo, qualche ruga appariva anche lì, ma era il normale collo di una donna di quasi quarant'anni. Non avrebbe dovuto preoccuparsene. E poi al momento a chi sarebbe importato delle sue rughe? Il pensiero le andò forzatamente a quella notte di circa un mese prima che continuava a respingere nella memoria. No, forse a qualcuno sarebbe potuto importare. È che lei... che lei non voleva più essere importante per nessuno. Voleva la sua indipendenza. Aveva troppa paura di innamorarsi ancora e percorrere poi la discesa dall'innamoramento come un baratro. Si fece la doccia bollente e si strofinò forte e in maniera infantile in mezzo alle gambe. Uscì dal box e recuperò l'accappatoio dall'appendino; era ancora umido dal giorno precedente. La casa era troppo umida, forse era per quello che Nicole si ammalava così spesso... doveva tenere un paio d'ore in più il riscaldamento acceso. Ma chi ce l'aveva i soldi... forse adesso, appena finito di pagare le rate della macchina... forse il dentista avrebbe ancora potuto aspettare. Miriam prese in mano la scatoletta bianca con il margine blu che tanto aveva incuriosito la figlia, la soppesò ancora un momento e poi la ripose nello scaffale in alto.

– *Mamma quando si muore?*

I bambini le domande le sanno fare, pensò. Sono gli adulti che cercano sempre di non trovare le risposte. Miriam si asciugò frettolosamente e appena a letto cascò in un sonno infantile, pieno e stranamente senza sogni. Solo al mattino le sembrò di sentire camminare Solaris sul piumone del letto, ma non c'era nessuno. Faceva solo freddo e lei aveva la pelle d'oca.

Strada della Pira, una vecchia corte d'inizio secolo con terreno di pertinenza

– Mio figlio mi ha sempre fatto penare. Qua abbiamo la terra, basterebbe avere pazienza e lavorarla per vivere dignitosamente. Non si è mai sporcato le mani con l'argilla. Si lasciava trasportare dalla corrente e andava di qua e di là. Come si dice? Andava alla deriva. Poi ha fatto anche qualche truffa. Già lo sapete. Ma non sapete la vergogna nel paese. La mia famiglia è di Castiglione da sette generazioni. Vi piace il vino?

La domanda era fuori luogo, ma il commissario rispose lo stesso.

– Sì signora. È ottimo.

– Chi l'ha ammazzato?

I due poliziotti strabuzzarono gli occhi.

Bianca Sistina, anni cinquantanove di Castiglione Falletto, acquistò una fierezza regale. Dominava la corte con la sua presenza. Forse ci lavorava da sola da anni. Dava ordini e li pigliava. In quattro lettere. Sola.

– Mi permetta signora, ma nessuno le ha detto che...

– Non siete qui perché avete trovato quel maledetto? In ogni caso non meritava una fine così.

Il commissario e l'ispettore si guardarono. Qualcosa decisamente non quadrava. Forse aveva ragione il padrone del bar. La donna era matta.

– Signora Bianca, suo figlio è morto...

La donna lo guardò come se fosse appena arrivato da Marte.

– Questo già lo sapevo.

– Mi perdoni... già sapeva che suo figlio era morto?
– Cos'è, siete venuti per prendermi in giro?
– Suo figlio è il signor Leonardo Sistina, nato ad Alba il quattordici agosto del millenovecentosettantatré?
– Sì, lo è.
– Guardi, ci dev'essere un equivoco. Suo figlio è morto...
– Il diciotto settembre del duemila e cinque, in un incidente stradale.
La strada si stava facendo ancora più tortuosa. L'ispettore tirò fuori dalla tasca la ricostruzione del documento d'identità della vittima e lo mostrò alla donna. La signora Sistina andò a prendere un paio di occhiali da presbite in un cassetto della madia e squadernò il documento.
– Non è mio figlio. I dati della carta d'identità sono esatti, ma non è mio figlio quello della foto.
– Lo conosce?
– Non l'ho mai visto prima. Ma quindi – Bianca si morse le labbra, – quindi non avete scoperto nulla di quel pirata della strada che ha investito Leonardo?
– Signora siamo desolati. Non saremmo venuti fino qui a disturbarla altrimenti. Ma a questo punto, risulta evidente che qualcuno ha falsificato il documento d'identità di suo figlio o perlomeno ne ha sfruttato le generalità. Le viene in mente qualcosa che potrebbe aiutarci in qualche modo?
Anastasi cercò di aiutare il collega.
– Ha detto che suo figlio viveva di espedienti.
– Ha truffato qualche vecchia fingendosi un dipendente della Rai. Ma dovreste conoscerla quella storia.
Giorgio Paludi iniziò a vedere tutto grigio, rischiavano davvero di perdersi.
– Ispettore, chiami in centrale e faccia pressioni verso le forze dell'ordine di Oswiecim, in Polonia. Scommetto che anche la ragazza era in possesso di un documento falso. –

poi, rivolgendosi nuovamente alla donna: – Signora, potrei vedere la stanza di suo figlio?

Lo chiese come se fosse evidente che la donna dovesse aver conservato la vecchia cameretta del bambino come un museo. Purtroppo così era.

La signora li accompagnò come in trance. Percorsero un lungo corridoio cieco in cui tutte le porte erano chiuse e sprangate con delle assi di rovere. Quella della stanza del figlio era la penultima. La donna infilò una chiave nella toppa e la aprì. Gli parve strano che la donna tenesse la porta della stanza del figlio morto chiusa a chiave. Ma forse lo faceva solo per non fare entrare i fantasmi in casa.

Tutto sembrava come apparentemente poteva averlo lasciato Leonardo Sistina prima di prendere la macchina – la signora gli raccontò – andare a bere una birra ad Alba e venire investito mentre attraversava un incrocio con la precedenza, probabilmente da un grosso mezzo. Un camioncino o uno di quei cosi che sembrano delle jeep. Come si chiamano?

– Un SUV.

– Sì credo. Vede, tutto è come allora, commissario. Io non toccherò niente fino a che non lo troverete. Anche il letto. Ci sono le stesse lenzuola. È rifatto, ma solo perché il mio Leonardo non poté dormirla la sua ultima notte.

– Grazie signora. Posso chiederle di dare un'occhiata in giro?

– Fate pure. Volete ancora del vino?

– No grazie.

Poi pensando di essere stato scortese, che forse la donna voleva rendersi utile.

– Però gradiremmo un caffè.

– Ve lo faccio subito. Vi lascio soli.

– Che ne pensa ispettore?

– Sembra la cameretta di un adolescente. Un liceale.

– Sì, ma di quelli sfigati. Tutto casa e pippe.

La camera era un viaggio nel tempo, forse attraversando la soglia erano entrati in un'altra dimensione e non se ne erano accorti. Sulla scrivania c'era un Commodore 64 ancora collegato al lettore di nastri magnetici. Lì a fianco una lunga fila disposta ordinatamente di videogiochi dell'epoca Bubble Bubble, Pac-Man, Kangaroo, Microprose Soccer e, meraviglia delle meraviglie, una cartuccia dell'Atari di Space Invaders. Il commissario Paludi chiuse gli occhi, fu un tuffo al cuore, quella stanza riattivava vecchie cantine della memoria da cui uscì prepotentemente di tutto. Si ricordò del cubo di Rubik, non era mai riuscito a finirlo, il Super Tele, le sorprese del Mulino Bianco, la Bmx! L'enciclopedia dei quindici, gli adesivi del Camel Trophy, le partite al Subbuteo nell'oratorio di San Giuseppe, i trasferelli, le girelle motta, Cristal Ball, il catch altro che il wrestling, il culo stretto nei jeans di Daisy in *Hazzard*, Arnold, l'A-Team, i pomeriggi passati davanti ai cartoni animati, Rocky Joe, l'uomo tigre, le lacrime facili davanti a *Candy Candy*... dov'era stata fino a quel momento tutta quella roba? Possibile che così tante cose potessero restare sepolte nella mente senza farsi mai intravedere? O forse ne rimanevano solo dei pezzi legati a delle particolari suggestioni e finché non si incrociava la parte che poteva riattivarle restavano nel sonno. Il commissario tornò alla realtà. L'ispettore Anastasi stava dedicando la sua attenzione al cubo di Rubik tentando maldestramente di ordinarlo. Contemporaneamente entrò la signora Bianca con il caffè. Anastasi si sentì strizzare le palle alla sola occhiata del superiore. Posò il giocattolo vicino a un portafotografie lì accanto e automaticamente ne fece il cambio.

– Gli piaceva tanto giocare a pallone.

La donna glielo indicò, era il terzo accasciato in una foto sbiadita. Un campo di paese in terra. Avrà avuto sì e no dieci dodici anni. Una maglia di lana gialla e rossa.

– Guardi com'era bello.

La signora Bianca prese un'altra foto riposta in una cornice di frassino. Non che fosse l'esatta definizione di bellezza, ma il commissario non avrebbe nemmeno potuto sostenere il contrario. Era un ragazzo di discreta costituzione, occhi grandi e scuri, capelli castano chiari e una mascella piuttosto importante. Aveva un vistoso tatuaggio sul fianco, una carpa porta fortuna.

Ma la visita stava prendendo una piega nostalgica. Era ora di lasciare la signora alle sue viti e ai suoi spettri.

– Signora... mi rendo conto che per lei non sia facile rivangare nel passato, tornare alla perdita di un figlio...

– Non si preoccupi commissario, non è perché lei è venuto a far domande che diventa più doloroso. O si possa cancellare.

Paludi si rese conto di aver detto una cosa stupida a una madre che aveva perso un figlio. Provare a metterci una pezza sarebbe stato un errore ulteriore.

– Ce ne andiamo signora. Ho solo bisogno di una cosa ancora. Vorrei dare un'occhiata al certificato di morte di suo figlio e a quello di sepoltura.

– Va bene. Dovrebbero essere di là in cucina. Li cerco subito. Però mio figlio non è stato seppellito; è stato cremato.

Borgo medioevale, parco del Valentino, notte fonda

Analinda camminava sfiorando le pareti delle case con una mano. Aveva un paio di guanti neri e i capelli raccolti in una coda di cavallo. V. camminava vicino a lei senza dire niente.

– Perché mi hai portato qui?

– Non ti piace?

– Sì, ma fa freddo. Vuoi scoparmi in questo posto?

– Voglio scoparti sempre dappertutto Analinda. Lo sai. Ma non c'entra niente con il motivo per cui siamo venuti qui.

– Oggi non devi lavorare?

– No, ho il turno di riposo. Ieri ho fatto la notte.

– Ho conosciuto altri che facevano il tuo lavoro. Non facevano altro che parlarne. Tu invece non dici mai niente.

– Il mio lavoro fa schifo.

Analinda scoppiò a ridere, erano arrivati davanti al pozzo dei desideri nella piazza sotto il castello.

– Il tuo lavoro fa schifo? Vuoi fare cambio con il mio?

– No. Tu devi smettere di fare quello che fai. Ti aiuto io.

– Ne abbiamo già parlato. È una storia vecchia.

Analinda mosse appena gli occhi; le pupille le vibravano senza sosta come la lampara di un peschereccio sul pelo dell'acqua.

– Non posso.

– Puoi Analinda. Puoi. Fammi solo il suo nome e dopo potrai fare tutte le cose del mondo. Chi ti ha portato qui?

– Vuoi il permesso di ucciderlo?

– Non ce la faccio più a pensare a quello che fai.

– Tu non piangi mai.

– Io non sono una donna.

Analinda scoppiò a ridere nervosamente.

– Già tu sei un uomo all'antica. Tutto d'un pezzo. Di quelli come te non ne fanno più.

– Ana. Io mi sono fatto da solo. E non è stato divertente. Dimmi il suo nome.

Analinda si scostò da V. Attraversò i portici ricostruiti del borgo.

– Non lo capisci perché non te lo voglio dire?

– Hai paura.

– Sì ma per te. Voglio proteggerti.

– Stai tentando di scambiare le parti. Io so guardarmi le spalle, a te, alle spalle ti prendono.

Gli occhi di V. vennero lucidi.

– Nessuno ti ha chiesto di metterti con una puttana.

– Non dire così.

– Cos'è? Non sai che la tua donna è una puttana?

– Analinda per favore.

– Per favore! Per favore si dice al supermercato! Dov'è la corsia dei pelati per favore? Per favore mi passi il sale? Per favore vieni qua un momento ti devo parlare.

– Ana.

– Cosa siamo? Una barzelletta?

– Calmati. Se è una barzelletta non fa ridere.

– Già. Sembra la storia di un film. E sai come si intitola?

V. si avvicinò cercando di abbracciarla. Ma Analinda si ritrasse.

– Ok. Non lo so. Come si intitola?

– La troia e il poliziotto. Nei film francesi i poliziotti si innamorano sempre delle troie come me.

– Smettila. Adesso ti diverti a farmi male.

– No, sono solo melodrammatica.

– Nei film francesi i poliziotti stronzi come me finiscono sempre dietro le sbarre.

– Perché tentano di salvare le anime?

– Salvare le anime è più difficile che arrestare delinquenti.

– Dai mi sono calmata scusa.

Sulla parete occidentale della chiesa del Borgo, un affresco di Santa Dorotea li squadrava con tanto di ali.

– Non mi hai ancora detto perché siamo venuti qui.

– Perché sei la regina del castello.

Analinda guardò la ricostruzione del castello di Fenis.

– Sì, di un castello finto come questo. Non lo sai?

– Che cosa?

– È solo una stupida copia. Una ricostruzione dell'esposizione generale italiana del 1884. A Parigi han fatto la Tour Eiffell e qui le brutte copie di edifici piemontesi e valdostani del quattrocento; non gli bastavano gli originali.

– Scusa volevo solo essere gentile.

– Lo so scemo. Sono io che cerco sempre di rovinare tutto per poi convincermi che le cose sarebbero comunque andate male. Sai come sono le donne no? Commedia e tragedia. Un po' di uno e un po' dell'altro. Zucchero e sale. Non guasta mai.

– Zucchero e sale fa venire la nausea. Ma vieni qua dal pozzo.

– Cosa devo fare?

V. le passò una moneta da cinquanta centesimi.

– Butta la moneta ed esprimi un desiderio.

Analinda diede le spalle alla fontana del melograno, chiuse gli occhi e gettò la moneta alle proprie spalle. Nel movimento i suoi lunghi capelli salirono ad arco e tornarono giù come un'onda. V. pensò di amarla.

– Che desiderio hai espresso?

– Ma i desideri non si dicono! Sono segreti.

– O son segreti o son desideri.

– Mi sembra piuttosto il solito interrogatorio. Ma caro sbirro farò la puttana cattiva.

V. si avvicinò alla ragazza, la cinse in un abbraccio posandole le mani sugli splendidi fianchi.

– Adoro le bambine che fanno i capricci. E se è necessario ti darò una sculacciata per farti capire che non è più il momento di giocare Analinda.

V. si distanziò da lei, la guardò sempre dritta negli occhi. Alcuni corvi si infilavano tra le merlature del castello. Non c'era nessuno e si fece silenzio. I fiocchi di neve iniziarono a cadere uno dopo l'altro. C'era sempre un momento come quello in cui tutto iniziava. La neve, una giornata, una cena, un viaggio, la vita.

– Dimmi quel nome Analinda. Dimmelo e non lo sentirai mai più nominare.

Borgo Po. Cavoretto. Madonna del Pilone

Si era fatto tardi e la notte era sul punto.

Come consuetudine degli ultimi anni stavano montando le luci d'artista in tutta la città, anche la chiesa dei Cappuccini era circondata dalle impalcature e presto si sarebbe accesa di bagliori elettrici.

Giorgio Paludi aveva lasciato l'ispettore all'incrocio sotto casa. Abitava in corso Casale vicino a dove la strada si biforcava per risalire i tornanti verso la villa D'Agliè. Anastasi abitava in un vecchio bilocale in zona precollina lasciatogli in eredità dalla madre. Viveva lì con la moglie e il figlio autistico – l'unico figlio – e anche se, sosteneva con una certa enfasi, il loculo era piuttosto ampio, ci abitavano pur sempre in tre con il figlio costretto a dormire su un divano letto in quello che era il soggiorno, la sala da pranzo e la camera a seconda del bisogno. O tutte e tre al contempo.

Il commissario lo guardò imboccare la breve salita che conduceva al portone del condominio. A ogni passo spostava integralmente il peso del corpo da un piede all'altro come se dovesse imprimere le orme del proprio cammino sulla strada. Ansimava, trascinando a pochi centimetri dall'asfalto la valigetta. Sembrava un domatore di orsi, un magiaro ondivago che si portava appreso il suo spettacolo di tanghi di strada.

Scerbanenco abbaiò. Forse aveva fame. Paludi gli fece una carezza, in fondo gli era mancato. Erano passati a prenderlo nel pomeriggio di ritorno dalle Langhe visto che erano di strada. Prima di partire per la "vacanza" a Santo Domingo l'aveva iscritto ad un corso di agility dog al centro di Beinasco, per evitare di lasciare l'incombenza alla sua – ex? – fidanzata Eva con cui aveva appena avuto una discussione. Ma l'istruttore del centro gli aveva riferito che il cane non era stato affatto collaborativo e si era rifiutato di praticare qualsiasi attività che non fosse il mangiare o togliersi le pulci. Del resto se ne era stato tranquillo e non aveva dato fastidio a nessuno. In realtà si era comportato come se il mondo non lo riguardasse, e anche quando lo portavano a fare i bisogni, si allontanava dal conduttore per poi rientrare da solo nel proprio recinto. Paludi sorrise.

L'aveva trovato per strada una sera di quasi tre anni prima, poco dopo aver risolto il caso che l'aveva riportato alla omicidi.[2] Ma neppure di questo era tanto sicuro, in fondo era stato il cane a trovare lui e decidere che sarebbe stato il suo padrone. Questione di feeling. Da subito. Perlomeno con i cani gli capitava.

Però un nome non gliel'aveva mai dato. In tre anni. Non che ce ne fosse bisogno. Gli bastava alzare lo sguardo per farsi capire. E poi il veterinario gli aveva detto che il cane, benché sano, all'esame della dentatura dimostrava quattro-cinque anni di età. Quindi un padrone doveva averlo avuto, e di conseguenza anche un nome. Così aveva deciso di evitare di dargliene un secondo nell'attesa che magari un giorno si mettesse a parlare presentandosi. Alla fine avevano scoperto durante una vaccinazione che aveva un chip sottopelle che lo identificava: si chiamava Scerbanenco. Non era stato tuttavia possibile capire quale fosse il suo proprietario perché le infor-

---

[2] Vedi *Giorgio Paludi, 44 anni il giorno dei Santi* di Fabio Beccacini, Fratelli Frilli Editori, 2008.

mazioni all'interno del quadratino di silicio erano in parte compromesse. Scerbanenco. Già il nome di una persona. Il nome delle cose. Qual è il vero nome di un uomo? Esiste davvero? Nel caso che stavano affrontando nulla quadrava. Era come entrare nella stanza degli specchi di un luna park. C'erano troppi riflessi e poche certezze. Due cadaveri in un sottoscala: Malgorzata Ujda e Leonardo Sistina. Ma il nome dell'uomo era quello di un ragazzo morto in un incidente stradale quattro anni prima in circostanze mai del tutto chiarite. E soprattutto le pratiche che avevano esaminato nel pomeriggio unite alle copie dei documenti in possesso alla madre aprivano una serie di dubbi piuttosto evidenti.

Successivamente ad un decesso, è necessario provvedere a una serie di pratiche amministrative con lo scopo di garantire la certezza della morte, nella società civile non è dato perire e basta. Bisogna anche dimostrarlo. Bisogna confutare la possibile presenza di elementi di reato e preservare delle basilari regole d'igiene. È obbligatorio un periodo di osservazione prima della sepoltura, che va dalle ventiquattro alle quarantotto ore. Durante questo periodo, il defunto può essere vegliato, ma non deve essere messo in condizioni tali da ostacolare o impedire eventuali manifestazioni di vita. Metti il caso che il defunto si risvegli. Ma succede. Succede anche questo. Nel frattempo, i regolamenti comunali e sanitari prevedono il rilascio di vari certificati da parte di diversi soggetti pubblici. E nel giro di quattro ore il commissario e l'ispettore erano diventati degli esperti. Nella contingenza dei fatti, al solito, nulla era al suo posto. Leonardo Sistina era morto alle 3.40 di una domenica sera e il martedì mattina successivo era già stato cremato. Non erano passate neppure trentasei ore ed era oltretutto perito in un incidente stradale. Quasi come se volessero far sparire il più in fretta possibile il malcapitato. Ma perché? Forse stava lavorando troppo di fantasia? Un persona per poter essere cremata deve averlo indicato in vita in un atto notarile, o su carta semplice firmata di pugno e datata, o invero, esprimerlo verbalmente a un parente prossimo. In presenza di tale volontà la necessità della cremazione deve essere notificata al servizio cimiteri del comune dove è avvenuto il decesso. Non esistevano documenti comprovanti le volontà del ragazzo, e a Paludi risultava singolare che un ragazzo relativamente giovane e morto per un'incidente avesse mai pensato alle modalità delle proprie esequie. In ogni caso la madre non aveva il certificato di cremazione, e nemmeno quello di morte, aveva solo una verbalizzazione ufficiosa redatta da un medico condotto del posto che non erano ancora riusciti a rintracciare. Nel pomeriggio allora avevano telefonato agli uffici del cimitero generale, e l'unica cosa che erano riusciti a capire era che non risultava nessun Leonardo Sistina, le cui ceneri erano state asperse nel Tempio Crematorio. Erano in un vicolo cieco. Evidentemente i resti erano stati dispersi in natura. Ma durante le ore successive non erano riusciti a raggiungere la madre per ragguagli. La cosa che più infastidiva il commissario era il fatto che non fossero, quindi, ancora riusciti a individuare l'impresa di onoranze funebri che si era occupata della pratica. Qualcuno doveva pur averlo fatto. Magari sarebbe stato utile per chiarirsi le idee sul caso. Alla fine il commissario aveva per scrupolo telefonato all'ufficio di stato civile del comune di Castiglione Falletto e aveva scoperto che nessuno si era mai recato in loco per registrare l'atto di morte. E che secondo loro il citato Leonardo Sistina risultava vivo e vegeto. Solo nel tardo pomeriggio trovarono il deposito dell'atto di morte, ma nel comune di Torino. Cosa piuttosto strana essendo avvenuto l'incidente in zona Gallo d'Alba e in un'altra provincia. Il mistero si infittiva. Erano andati nelle Langhe per chiarirsi le idee sui due cadaveri che si erano tracannati un antipasto di fugu festeggiando a fucilate e adesso si ritrovavano sulle spalle un terzo morto. Magari non del tutto morto. O morto troppe volte. Il sovrintendente Scianna aveva fatto altre ricerche sul malcapitato, ma non era saltato fuori nulla di rilevante.

Il commissario Paludi entrò in casa che la mezzanotte era scoccata da un pezzo. La segreteria telefonica non lampeggiava, nessuno l'aveva cercato. Il che voleva anche dire che nemmeno Eva l'aveva cercato. Pensò di mandarle un messaggio. Ma eran due giorni che non sentiva il figlio, per cui il messaggio lo riservò pateticamente al suo unico erede. "Quando mi vieni a trovare? Com'è andato il compito in classe di mate? Un bacio e salutami anche la mamma". Dopo un attimo si rese conto di averlo inviato, così in automatico. Dovette controllare nella cartella dei messaggi inoltrati ed accettare la realtà. Inconsciamente aveva desiderato salutare la sua ex moglie. Amen. Non era l'ora per pensarci. Si spogliò distrattamente e si buttò nel letto sotto alle coperte. C'era qualcosa di caldo lì accanto che ansimava. Ma era peloso e non era la sua fidanzata.

– Buonanotte Cane.

Prima di addormentarsi pensò agli svantaggi e ai vantaggi dell'eventualità di essere tornato single. Poi mollò una sonora scoreggia e chiuse gli occhi.

Via Pisa 42, un appartamento di ballatoio con servitù di passaggio

Miriam aveva dormito quasi tutta la notte senza agitarsi. Non le succedeva mai. Come del resto non le capitava troppo spesso di non andare immediatamente in bagno a far la pipì appena alzata.

Quel giorno andò in cucina e mise a scaldare il latte in un pentolino per Niky. Poi preparò la colazione con il Nesquik e un po' di cereali Kellog's. Si bevve nel frattempo quasi mezzo litro d'acqua frizzante e si fumò una sigaretta affacciata alla finestra. Nella notte aveva nevicato. Voleva dire qualcosa? Sì che era inverno. Non farti domande stupide Miriam Colucci e vai a svegliare Niky che poi tardate per l'asilo e ti tocca fare mezz'ora di coda in mezzo al traffico. Andò in camera da letto. Nicole dormiva come un angioletto. Era distesa supina e russava leggermente, i postumi dell'influenza le affaticavano un poco il respiro. Rimase a guardarla per almeno un minuto, il piccolo torace che andava su e giù a intervalli regolari. Una bambolina. La svegliò con un bacio sulla fronte e la piccola mise su il broncio. Miriam la prese in braccio e la portò a sciacquarsi la faccia nel bagno, poi la sedette al tavolo in cucina davanti alla tazza di latte e cioccolata. Sentì un piccolo crampo alla vescica. Le scappava la pipì. Miriam guardò l'orologio. Nove meno venti. Dieci minuti e dovevano scendere in strada.

– Fai la brava due minuti che la mamma va in bagno. Poi ci vestiamo e andiamo all'asilo.

– Oggi c'è la maestra brava mamma?

– Certo spennacchiotto. Arrivo subito.

Miriam andò in bagno prese un lungo respiro e chiuse la porta. Recuperò la confezione di Clearblue da dove l'aveva nascosta la sera prima. Recuperò lo stecchetto dal contenitore e si sedette sulla tazza. Sulle istruzioni c'era scritto che era un'operazione che si consigliava di fare con la prima pipì del mattino. Orinò centrando lo stecchetto, poi finì con calma, si asciugò e prese la confezione. Aprì il cellophane e recuperò l'indicatore. Poi, risoluta, infilò lo stecchetto all'interno dell'alloggio. Chiuse gli occhi e attese quello che le parve un tempo interminabile, forse solo trenta secondi. Il display si era illuminato e il responso fu piuttosto chiaro. Miriam prese un lungo respiro. Si concesse un paio di minuti per piangere, di più non poteva, doveva portare Nicole all'asilo e poi di corsa al lavoro.

Sul display c'era scritto: "Pregnant 2-3".

Voleva dire che aspettava un altro bambino.

Voleva dire che era incinta da tre settimane.

Via Montebello numero 21

Scerbanenco lo svegliò trascinandogli via le coperte di dosso. Il commissario Paludi aprì gli occhi e vide il quadrupede soddisfatto a pochi centimetri.

– Ti scappa così tanto?

Guardò l'ora, erano le sette e un quarto, la sveglia avrebbe comunque suonato da lì a poco. Aprì la finestra e una folata di aria fredda entrò in casa. Guardò la via mettendosi la vestaglia.

Doveva aver nevicato nottetempo, ne erano scesi almeno una decina di centimetri. Era presto e sui marciapiedi era ancora distesa uniformemente come un panno. Paludi preparò il caffè e fumò la prima sigaretta seduto sul gabinetto. Poi si diede una rinfrescata e scese da basso. Il cane prese a correre avanti e indietro; era sorpreso da quel cambiamento e sembrava non notare il fastidio di camminare a zampe nude nella neve fresca. Pisciò distrattamente sulla ruota di una CLK e Paludi lo lasciò fare. Alla fine il commissario decise di prendersela comoda e allungare la passeggiata fino al commissariato, la prima neve dell'anno in genere lo rilassava. Notò che avevano aperto una lavanderia automatica proprio nei pressi di casa sua, poteva non essere del tutto ininfluente nel caso si fosse giocato la fidanzata.

Le lavanderie a gettone stavano iniziando a colonizzare la città senza fare distinzioni di quartiere. Centro, Crocetta, San Salvario, Borgo Vittoria. In ogni via apparivano le classiche insegne in franchising colorate e dai nomi americani.

In genere erano divise in due parti. Un lato del muro era dedicato alla lavanderia vera e propria e l'altro a ogni sorta di distributore automatico. Patatine, hamburger preriscaldati, tramezzini, acqua e bibite varie. Stava diventando un ottimo modo di utilizzare piccoli magazzini a piano terra o comunque locali troppo piccoli per contenere un negozio e che erano sfitti da tempo. In ogni caso commessi da pagare non ce n'erano, solo la commissione percentuale su chi forniva distributori e materiale. Paludi guardò Torino. Passeggiava e guardava la gente. L'aveva sempre fatto. Uno non diventa uno sbirro se è capace di farsi i cazzi propri.

Se non erano disoccupati facevano lavori sottopagati. Pony express che distribuivano plichi per tutta la giornata respirando aria inquinata. Cassiere del supermercato sempre in piedi per otto ore al giorno a passare codici a barre su lettori ottici. Molti prendevano autobus da quartieri periferici per raggiungere il centro, tornavano a casa che era già notte, forse appena in tempo per la cena. Apprendisti meccanici, addetti alle fotocopie, ragazzi del bar, non c'era che dire: un bel sottoproletariato in fiore. Con una sostanziale differenza rispetto ai loro padri che avevano assemblato Punto e Ritmo alla catena di Mirafiori: non sapevano di essere un gradino sotto a degli operai. La giacca e cravatta che indossavano per favorire i guadagni dell'agenzia immobiliare li faceva sentire imprenditori. Lo scranno di sessanta centimetri quadrati che gli davano al call center con la cuffietta e il microfono gli lasciavano credere di essere impiegati. Credevano, credevano. Vendevano Folletti e Kirby. Pasticche per dimagrire e bacchette magiche per ricaricare la batteria della macchina. E succhiavano cazzi come fossero ghiaccioli alla frutta. Paludi arrivò in via Verdi dopo aver percorso almeno un paio di chilometri lungo corso san Maurizio il lungo Po e su ancora da via Giolitti, via Roma e piazza Castello. Salutò il piantone si inciampò implacabilmente nello scalino dell'ingresso e salì al secondo piano. Il cane ormai conosceva a memoria i corridoi e si era già piazzato davanti alla porta dell'ufficio aspettando pazientemente. Lo fermò al volo il sovrintendente Scianna dalla stanza caffè.

– Buongiorno commissario.

– A lei sovrintendente.

– C'è una donna nel suo ufficio.

– Non ho capito.

– C'è...

– C'è una donna nel mio ufficio. Ho capito. Ma se è il mio ufficio e io non ci sono, perché c'è una donna dentro al mio ufficio?

– Guardi era piuttosto incazzata, cercava lei, non era molto in sé sinceramente e...

– L'ho fatta accomodare io commissario. È la sua fidanzata– intervenne il sopraggiunto ispettore Anastasi.

Il commissario non bestemmiò sottovoce, lo sentirono da tutto il piano. Quindi tentò di prendere un caffè alla macchinetta solo per il gusto di prenderla a calci. Nei dieci metri che lo separavano dall'ufficio pensò che non c'era problema, ce l'avrebbe fatta anche stavolta. Le cose finiscono. A un certo punto tutto svanisce nel nulla. Tutto se ne va. Certo. E le cose che non hai fatto, tutte quelle che non hai detto, inizieranno a tormentarti. Abiteranno la tua anima e si ciberanno del tuo presente. Vivrai infelice, non avrai più la tua vita. Altroché. Chiaro. Chiaro un bel niente.

– Vaffanculo Scerbanenco. Tu fammi da avvocato. Andiamo.

Poi, dentro, cambiò istintivamente idea e abbracciò la donna. Le disse semplicemente che si stava occupando di tre morti e che non era il momento per riconsiderare la sua vita. Se voleva l'avrebbe fatto. Per lei. Ma lui non aveva intenzione di prendere decisioni in quel momento. Lei forse interpretò male, o troppo bene, si alzò ristorata e gli disse che l'avrebbe aspettato a casa. La sera. A casa.

– Ok, Eva.

– Vuoi che faccia qualcosa che ti faccia piacere?

Giorgio Paludi, quarantotto anni il giorno dei Santi, pensò a una teoria di cose che in genere gli davano piacere. Le melanzane alla parmigiana come le preparava lei, vedersi un bel noir degli anni Quaranta, fare il bagno insieme seduti uno sopra all'altro. Beh non solo il bagno. Poi glielo disse.

– Sì. Vorrei che non mi facessi più questa domanda.

Eva uscì senza dire niente. Il commissario se ne andò nuovamente in giro per la città in cerca di ricordi, di un senso o di qualcos'altro. Che naturalmente non trovò da nessuna parte. O che forse non c'era mai stato. Poi arrivato nei pressi di casa si ricordò che il figlio Michele non gli aveva ancora risposto al messaggio. Decise di chiamarlo. Ma non rispose lui. Quando sentì la voce di Lidia per poco non gli cadde il telefono.

– Ha la febbre. Sta dormendo. Dev'essere quest'influenza nuova. Quest'anno non ne lascia salvo uno.

– Ha la febbre... l'influenza nuova... – ripeté come un ebete.

– Già. Tu come stai?

Ennò, Paludi non era per nulla preparato a sentire sua moglie, figuriamoci a rispondere a delle sue domande che lo chiamassero in causa!

– Ah, io bene. Hai bisogno di qualcosa? – si corresse – Michele ha bisogno di qualcosa...

– So che ti voleva parlare di qualcosa per Natale. Ma lo farà lui, appena si rimette gli ricordo di chiamarti. Ciao Giorgio.

– Sì, ciao....

– E non buttarti via.
– ...Lidia...
– Sì?
– ...
– Ci sei Giorgio?
– Sì.
– Che volevi dirmi?
– Buon Natale.
– Buon Natale? Ma è metà novembre!
Il commissario era diventato rosso come un estintore.
– Mi è venuto così.
– Certo...
– Forse volevo farti gli auguri per primo...
– Va bene. Allora ci sentiamo. – Lei rise, non era arrabbiata, lui la sentì, rise e da quanti secoli non la sentiva ridere? – Buon Natale anche a lei commissario. Buon Natale.

Poi mise giù. Era metà novembre. Precisamente il diciannove, Torino era bianca di neve e Giorgio Paludi stava piangendo. Piangeva, ma la differenza era che quella sera non gliene fregava nulla. Avrebbe potuto piangere davanti ai suoi amici, avrebbe pianto anche in conferenza stampa.

Arrivarono a casa e il cane abbaiò prima di infilarsi nell'ascensore. Nemmeno lui aveva voglia di rincasare. Il commissario si fermò davanti alla porta. Cercò di vedersi dall'esterno. Un uomo di un metro e novantacinque centimetri che ha fatto il servizio di leva nei corazzieri fermo sulla soglia di casa sua perché ha paura di affrontare una donna di un metro e cinquantanove. Il cane sbuffò. Forse quella pantomima lo stava annoiando. Lui voleva solo saltare sul letto, sbafarsi la ciotola e tanti saluti. Gli prese il muso tra le mani.

– Sai cosa ti dico Scerbanenco? Che hai ragione te.

Al piano interrato di un night club vicino al cinema Maffei

V. osservò le pareti a specchio, la moquette nera che foderava le alzate dei gradini, la tappezzeria anni Settanta. Poi osservò gli uomini intorno a lui, le espressioni inebetite mentre guardavano le ragazze come se fossero apparizioni divine. Su quei volti c'era lo struggimento triste di chi sapeva in anticipo che sarebbe tornato a casa insoddisfatto, a farsi una sega in bagno, alle due del mattino, mentre mogli e figli dormivano al piano di sopra. Andò a sedersi a un tavolo nei pressi del bancone, davanti al palco dove si esibivano le ballerine. Da lì riusciva a vedere con un colpo d'occhio quasi tutta l'attività. Era un night da quattro soldi. Due pali a centro pista, una gabbia, moquette leopardata, umidità e puzza di sudore. Il barista sembrava appena uscito dallo zoo. V. si stupì del fatto che avesse il dono della parola, non c'avrebbe mai scommesso niente. Ordinò whisky liscio. E quando si ritrovò nel bicchiere due cubetti di ghiaccio represse l'istinto di scaraventarglielo in faccia e prenderlo a pugni. Cercò di calmarsi e imprimersi bene in mente il motivo per cui era lì e chi stava cercando. Del resto lì al Tropic Sun la gente non c'andava per bere o per la qualità dei drink. C'andava per desiderare. Gli venne in mente una vecchia canzone dei CCCP: "*un'erezione, un'erezione, un'erezione triste. Per un coito molesto, per un coito modesto, per un coito molesto. Spermi spermi spermi spermi indifferenti. Per ingoi indigesti*". Sorrise e bevve il whisky d'un sorso. Brindò in solitudine. Ne ordinò un altro e stavolta il barista glielo servì senza ghiaccio. Una cinese niente male stava facendo una *pole dance* da manuale, ma era tutta tecnica e niente passione. In un paio di canzoni arrivò al clou e si sfilò il perizoma senza fare tante storie. Poi si andò ad accomodare a un divanetto dove un paio di dinosauri si rinfrescavano a champagne contraffatto con l'alka seltzer. Fu allora che V. vide il suo uomo scendere le scale. E dalla prima occhiata notò che Sircana non era per nulla cambiato.

Lo chiamavano Sonny Schiaccianoci. Lo schiaccianoci perché aveva due mani grosse come pale e il vizio di rosicchiare senza freno. Spaccava i gherigli fra le dita come arachidi, e lì iniziava e finiva la sua virilità. Per il resto era la fotocopia di Danny De Vito, il nano hollywoodiano. Quando giunse al bancone del bar lo riconobbe subito.

– Valentino Corona. A cosa devo il piacere?

V. si guardò istintivamente attorno. Non gli piaceva affatto essere chiamato per nome.

– Nessun piacere. Sono qui per lavoro, il whisky che vendi fa schifo, e non è la tua serata fortunata.

– Sempre incazzato. Perché non la smetti e non inizi a goderti un po' la vita? Il lavoro in polizia ti stressa?

Allargò le braccia in direzione del locale. Un paio di ragazze in topless giocavano a far le lesbiche spalmandosi olio profumato in mezzo al palco. V. non batté ciglio.

– Gli affari non vanno troppo bene sircana, ti sei messo a lavorare in collaborazione con l'INPS? Da quando organizzi serate di ricreazione per la terza età?

– Insomma non sei qui per farmi pagare il tuo silenzio sulle mie attività stavolta. Che cosa vuoi?

Il gorilla era rimasto impalato al bancone e continuava a fissarli. Sonny Schiaccianoci lo apostrofò.

– Il barista non lo sai fare. E io per cosa ti pago a te? Non sai riconoscere un poliziotto nemmeno se ti mette il distintivo nel culo.

V. sorrise.

– Con questo vorresti dire che si nota?

– Non meno di quanto Cicciolina sembri vergine. Che cazzo vuoi Corona?

V. indicò con un cenno il barista.

– Va bene andiamo nel retro. E tu porta una bottiglia di whisky, ma quello buono.

V. non era uno stupido, capì perfettamente che quella del whisky non era una gentilezza da parte di Sonny. Semplicemente voleva fargli capire che non si fidava di lui e da lì a poco il suo gorilla li avrebbe raggiunti con la bottiglia e se ce ne fosse stato il caso, non solo con quella.

Sonny Schiaccianoci aveva guardato troppi film.

Si chiese se, e in quale modo, la mitologia hollywoodiana della "mafia" avesse influito sulla moda e sull'arredamento degli affiliati. Era convinto che certi film come *Scarface* e *Il Padrino*, avessero formato esteticamente più di una generazione di criminali e non viceversa. Non mancava niente. C'era anche il tavolo di cristallo con la striscia di cocaina.

– Se vuoi favorire...

V. non se lo fece dire due volte. Le palle gli partirono come missili e gli salirono in gola.

– Almeno questa è roba buona.

Tirò fuori dalla giacca il sacchetto che aveva rubato al tizio di colore qualche giorno prima e glielo sbatté sul tavolo.

– L'ho preso a un negro che lavorava nella tua via. Vendeva merda ed era a un isolato da qui; stai invecchiando. Non riesci a seguire più il tuo territorio. Se la gente compra merda poi fa cazzate. Poi muore. E la polizia ti verrà a infilare il naso nella chiappe.

– Con questi negri non ci si capisce più un cazzo. Sono senza controllo, senza padrone. Niente regole. Per loro la vita è salire e scendere dagli alberi. Mangiare banane e guardare accoppiare gli elefanti. Fosse per me li riporterei tutti a casa loro. Ma qua dentro non entrano. Lo sai. La penso come te. Comunque grazie della cortesia.

Il gorilla entrò in quel momento, servì il whisky e si mise in un angolo affianco al portabiti. Sonny gli disse che poteva pure andare, che era una discussione tra due vecchi amici. V. lo guardò scivolare fuori dalla stanza, aveva l'espressione amichevole di uno squalo tigre. V. cercò di scandire bene le parole.

– *Vecchio amico*, da questo momento Analinda non lavorerà più per te. Anzi tu non l'hai mai sentita nominare. Ecco cosa farai: fra cinque secondi mi darai i suoi documenti. Voglio il suo passaporto tra le mani. Vedi, ho messo sotto sorveglianza il tuo locale. Questa volta sono stato bravo, ho fatto le cose per bene... Qui dentro lavorano tutti in nero giusto? Ho le prove. Foto. Testimonianze. Intercettazioni. Solo per ripagarti la sanzione amministrativa dovrai lavorare a debito un paio di mesi, forse tre... a questo devi aggiungere la multa che verrà comminata individualmente a persona per ogni giorno di lavoro in questo cesso... e dei contributi? Vogliamo parlare dei contributi?

Sante Sircana si adagiò contro lo schienale della sedia.

– Poi metti che la pratica venga affidata ad un magistrato troppo zelante... metti che gli venga voglia di approfondire qualche altra questione, che faccia due più due... sfruttamento e favoreggiamento della prostituzione...

– Così il cattivo tenente si è innamorato.

– Non sono cazzi tuoi Sonny.

Sonny Schiaccianoci si mise l'indice in bocca e lo inumidì con la saliva. Lo posò nella coca. Poi se lo mise in bocca.

– Stammi a sentire poliziotto da quattro soldi. Analinda non sarà mai libera. Non lo è mai stata. Pensa solo a quello che stai facendo. Perché è una cazzata. E lei, lei, sta solo cambiando padrone.

Seconda Parte

Perché dare un senso alla vita?
La vita non ha senso: è desiderio.
È il desiderio il tema della vita.

Luci della ribalta, Charlie Chaplin

Il commissario non si faceva la barba da un mese. Adesso assomigliava a una scimmia di Gibilterra. Le bertucce della colonia inglese non erano più l'ultima popolazione di scimmia selvatica della vecchia Europa. Avevano trovato un compagno.

Paludi aprì il frigo.

Dentro c'era una confezione di panna Chef al gusto funghi. Mezza confezione, a essere precisi. E basta.

Il commissario cercò di non farsi scoraggiare. Dopotutto aveva ancora un bel po' di riso Carnaroli comprato sfuso dallo strozzino di via Rossini, un alimentari che vendeva generi di prima necessità a prezzi di usura. E allora quello avrebbe fatto. Risotto al gusto di funghi per cena. C'era di peggio.

Più o meno.

Accese il televisore. Rai uno. Non pigliava altro.

Da quando avevano attivato il digitale terrestre si era rifiutato di comprare e installare il decoder. E comunque un canale lo prendeva. Anche se nessun tecnico era ancora mai riuscito a spiegarsi il miracolo. Un suo amico che faceva l'impiegato alla sede della Rai di via Cernaia – addetto agli ordini – tentò di spiegargli che era impossibile. Fu costretto a portarlo in casa sua, prendere il vecchio televisore a tubo catodico, metterlo sul tavolo della cucina, orientare i baffi, collegarlo alla presa di corrente e fargli vedere che riusciva a prendere Rai Uno.

– Allora?

L'amico era rimasto a bocca aperta, nemmeno avesse visto l'atterraggio di un astronave con tanto di alieni.

– Allora avevi ragione. Ci dev'essere qualcosa di paranormale.

Certo, pensò Paludi. Tipo qualche stronzo che si è dimenticato di spegnere una piccola centrale di ripetizione che alla Rai non sapevano più di avere.

Poi il tizio se n'era andato premurandosi di riferire l'accaduto in azienda. Paludi in cuor suo sperò che non lo facesse, non fosse stato mai che in quel caso nell'azienda di stato si fossero dimostrarti solerti nel lasciarlo senza l'ultimo canale disponibile. Tant'è si era sbagliato. Rai uno continuava a prenderla anche se il telegiornale non lo ascoltava più da mesi. Lasciava sì il televisore acceso mentre mangiava, ma lo faceva più che altro per abitudine e rigorosamente senza volume. Giusto per dare una pausa alle sigarette, per intervallare con un motivo filmato la serie delle birre. Le immagini scorrevano, un tiro e una golata. Ogni tanto pensava al suo fegato. Ci parlava. E non era mai contento nemmeno lui.

Il commissario Paludi rimestò senza voglia il risotto. Alzò il cucchiaio di trenta centimetri sopra al piatto e lo fece cadere nuovamente. La consistenza era ottima, sembrava silicone. Avrebbe dovuto incollarci le piastrelle della doccia. Alla televisione scorrevano le immagini di alcuni servizi. Le solite notizie imburrate per le tavole degli italiani. L'Istat scongiurava la crisi, la ripresa era alle porte. Il presidente del Consiglio avrebbe affrontato solennemente i processi. Il governatore del Lazio era stato pescato in mutande a giocare al dottore. E infine un bel modo di spendere i soldi dei contribuenti: la nuova edizione dell'*Isola dei Famosi* avrebbe avuto come super ospite il bandito graziato dal presidente della Repubblica; il sardo Mesina. Per fortuna suonò il telefono. Come diversivo poteva anche andare.

– So che si è mollato con la fidanzata.

Forse non aveva capito.

– Pronto.

– Mi spiace. So che si è mollato con la fidanzata.

E due. Perlomeno adesso era riuscito a capire chi fosse. Era il sovrintendente Scianna. Evidentemente non usava più salutare né presentarsi. Il mondo stava invecchiando. O lo stava facendo soltanto lui? Iniziare con una domanda personale e scomoda una telefonata, poi reiterare l'importunità. Paludi pensò di tornare al risotto.

– Che cosa vuole sovrintendente?

– Dicevo, ho saputo che si è mollato con la fidanzata.

Paludi pensò ai trentasei stratagemmi militari cinesi. Forse ce n'era uno che poteva soddisfare il caso. O magari una tortura medioevale, una metodologia pianificata di messa al palo. Ma considerata la testardaggine del sovrintendente forse la tattica migliore era porgere l'altra guancia in attesa che arrivasse al dunque.

– Siamo in pausa, sovrintendente. Gliel'ho ripetuto più di una volta. In pausa. Poi, cercando di non mostrarsi troppo accalorato: – Non ci siamo ancora, per così dire, ufficialmente lasciati. Può andarle bene?

Silenzio.

– Mi perdoni, non volevo essere scortese. Intendevo dire che magari stasera era da solo e non aveva impegni.

Il commissario guardò il risotto. Scerbanenco aveva la faccia dentro al piatto. Aveva trovato qualcuno che apprezzava la sua cucina.

– Potrebbe anche darsi. Arrivi al punto.

– Le andrebbe di uscire a mangiare un boccone?

Non se lo fece dire due volte. Non volle nemmeno sapere perché il sovrintendente desiderasse invitarlo a cena con tanta intensità il ventitrè di dicembre. Accettò l'invito e basta. Mise il riso che era avanzato dalla pentola direttamente nella ciotola del cane, controllò che avesse dell'acqua fresca, infilò il cappotto e uscì di casa.

L'appuntamento era in una traversa di via Cernaia. Non sapeva se Scianna abitasse in zona e non gli interessava minimamente. Vide passare il tredici lungo via Po, ma decise di proseguire a piedi verso via Principe Amedeo. Il tram, il commissario Paludi, non lo pigliava più da anni.[3] Lungo via Pietro Micca degli uccelli al neon si passavano un filo rosso sopra ai tetti. Ancora due giorni e Natale sarebbe arrivato. Arrivato e passato come ogni volta. Niente più code dentro ai negozi del centro a farsi venire un'idea illuminante sui regali da fare. Niente alberelli e pastori. Basta angioletti. Nessuno gli avrebbe più fatto gli auguri né, tanto meno, ed era la cosa più fastidiosa, qualcuno li avrebbe pretesi. Ogni giorno che passava stava diventando sempre più empio, vecchio e malato. Non si era mai voluto convincere della saggezza delle parole del suo primo questore genovese nel colloquio privato precedente la promozione a vice commissario. Lo ricordava come una vecchia registrazione in super otto. Il questore era di spalle, guardava in strada dalla finestra dell'ufficio. Sopra la scrivania sporgeva un tricolore pieno di polvere.

– Vede. Alcuni ruoli conferiscono un potere. E non è questione di quantità, ma del poterlo esercitare o meno. Lei un giorno sarà commissario. Forse questore. Chi può saperlo. Lei eserciterà un potere. – si voltò e lo guardò in faccia – Per questo, e non mi fraintenda, è come se rinunciasse da ora, in parte, alla verità. Se ha deciso di volerlo, il potere, e lo vuole, deve accettarne tutte le conseguenze compreso il

---

[3] Vedi *Giorgio Paludi, 44 anni il giorno dei Santi* di Fabio Beccacini, Fratelli Frilli Editori, 2008.

fatto che un giorno qualcuno le potrà rinfacciare di aver deciso di non dover dire la verità. Almeno non sempre. Vedrà. Un giorno mi darà ragione. Non adesso, con quest'impeto e questa correttezza etica che leggo nel suo sguardo. Non adesso che spera ancora possa esistere una barricata su cui i buoni difendono con tutti i mezzi la società civile. Ma domani, quando questo discorso se lo sarà quasi dimenticato. Quando si renderà conto di essere invecchiato tutto in un momento. Allora le tornerà in mente. E da allora non se scorderà più. Allora saprà che la città che difendeva si chiama Gomorra, e allora saprà che verità e potere non coincidono mai commissario. Mai.

Scianna non stava nella pelle. Era giovane e non faceva strani pensieri. Chissà cosa desiderava la notte. Dove se ne andava quando sentiva il sangue aggrovigliargli le budella, come da piccolo quando si vinceva una corsa in bicicletta nella via. Un giorno i desideri avrebbe imparato a metterli da parte anche lui. Per il momento il commissario sperava soltanto che fosse stato in grado di scegliere un ristorante decente per la cena. Perché la bettola in cui stavano per entrare aveva tutta l'aria di non avere stelle sulla guida Michelin.

Sushi bar Nyotaimori, via Avogadro 67, sera

Il commissario Paludi e il sovrintendente Scianna entrarono in un piccolo disimpegno illuminato da alcuni portacandele di bambù. C'era una piccola insegna di ferro battuto con scritto "Nyotaimori". Appena varcata la soglia del locale una donna dagli inconfondibili tratti orientali gli venne incontro. Giorgio Paludi sbuffò, stavano per cenare in un ristorante, cinese, o giapponese, o tailandese che fosse. Insomma non sarebbero riusciti a ordinare un piatto di trenette al pesto.

– I signori hanno prenotato?

– Un tavolo per due alle nove.

La donna rispose con un inchino. Era vestita in abiti tradizionali. Aveva un kimono Hōmongi con delle vistose decorazioni che salivano fin sulle spalle.

– Vogliate seguirmi.

L'accento italiano era perfetto. Il commissario la guardò meglio. Forse non era orientale. Era solo truccata sapientemente. Magari per la pasta c'era ancora speranza.

– Commissario... dovrebbe togliersi le scarpe.

Il sovrintendente gli guardò i piedi. Le sue Lumberjack erano consunte sulle punte e avevano la suola liscia come una palla da biliardo. Non se le cambiava mai. D'inverno e d'estate sempre lo stesso paio di scarpe fino a quando non erano da buttare e ne comprava delle nuove. Il problema era che si accorgeva sempre troppo tardi di quando fossero da buttare. E adesso lo erano. Paludi pregò almeno di non avere i calzini spaiati come al solito.

Si slegò le stringhe sfilandosi le scarpe al rallentatore. No. Era la sua giornata fortunata: i calzini erano uno blu scuro e l'altro nero. Con la luce delle candele non se ne sarebbe accorto nessuno. Sperò che le candele al tiglio riuscissero a compiere un altro miracolo coprendone l'odore.

La donna attese pazientemente e li portò in un'altra sala. Non era cinese, ma rideva lo stesso in maniera insistente. Assecondava lo stereotipo con precisione didascalica. Il locale era molto piccolo e pulito. Non più grande del soggiorno di un qualunque appartamento. Il commissario e Scianna sedettero scomodamente su dei cuscini a un tavolino basso di teak. Tranne due coppie nell'angolo opposto, il locale era vuoto come una tomba.

Il sovrintendente sorrideva. Sembrava a suo agio.

– Probabilmente si starà chiedendo come mai l'ho invitata in questo posto.

– Davvero perspicace. Perché non fa domanda in polizia?

Scianna abbassò il capo. Aveva già perso tutta la baldanza.

– Mi scusi la battuta. Ma come diceva lei al telefono: non è un bel periodo per me.

– Già. Per via della sua fidanzata. Se ne vuole parlare, io ci sono. Non si faccia problemi.

Giorgio Paludi, quarantotto anni il giorno dei santi, mantenne i nervi saldi. E provò a spiegarsi.

– Scianna, parlare della mia fidanzata, della mia relazione con lei e più estesamente della mia infelicità, non è di mio gradimento. Possiamo tornare al motivo di quest'invito?

– Sì, mi perdoni. Ho seguito una pista riguardo al caso del condominio di via Matteotti.

Paludi sospirò. Erano fermi al punto di partenza da più di un mese. Malgorzata e Leonardo continuavano a stare al fresco nell'obitorio di corso Massimo D'Azeglio. Il dottor Lucentini gli raccontava qualche barzelletta per tenerli su di morale e fine della storia. Avevano setacciato tutte le telecamere che avevano effettuato riprese nella zona il giorno del delitto e quello appresso, quella all'interno del condominio, una nel portone e una nel cortile. Avevano visionato il riproduttore video di un bancomat che stava all'angolo della via e quello di uno studio di avvocati che parzialmente riprendeva la strada. Era stato un lavoro di settimane. Ma non era uscito fuori niente neppure da quello.

– E dove porterebbe questa sua pista?

– Qui.

Scianna allargò le braccia, come a considerarla cosa ovvia. In quel momento entrò la signora che li aveva condotti all'interno e suonò un gong di ottone appeso nella stanza. Il leggero brusio proveniente dall'altro tavolo si placò. Entrarono quattro camerieri vestiti con un kimono nero e oro, i loro capelli erano ornati da fiori di seta e pettini di legno. Portavano a braccia una lettiga su cui era adagiata una donna completamente nuda con un drago rituale tatuato sul ventre. Su di lei era addobbata la cena. Il commissario Paludi ne aveva sentito parlare, di locali così, ma non ne aveva mai frequentato uno.

– È una delle specialità della casa. Si chiama Nyotaimori. Come il nome del locale. È l'arte del servire il cibo su un corpo nudo. O semplicemente body sushi, all'americana.

Gli inservienti deposero la donna tra i quattro avventori. Erano evidentemente esaltati dalla situazione e iniziarono immediatamente a intaccare i disegni di sushi e sashimi disposti sulla pelle delle ragazza. Le loro dita sfioravano e pizzicavano la donna, e lei se ne stava immobile come un surgelato da banco.

– Non faccia così commissario. Ovviamente le modelle devono fare prima la doccia! Ma fredda, per non rovinare la temperatura del piatto.

La donna sembrava di porcellana, aveva piedi e mani perfette. Le labbra truccate come una bambola. E gli altri ci gozzovigliavano sopra. Forse avevano importato dall'oriente quella strana usanza culinaria, ma non era sicuro che ne avessero capito la vera filosofia. Il commissario ritrovò il controllo dopo la sorpresa, alla fine quell'uscita si stava rivelando perlomeno divertente. Nel frattempo erano arrivate altre sette persone che andarono ad occupare un separé che prima i due non avevano notato. Forse il locale era più frequentato di quanto lasciasse immaginare. La cameriera arrivò infine per le ordinazioni. Notò che il sovrintendente guardava ancora in direzione dell'altro tavolo.

– Se gradiste anche voi del nyotaimori saremo lieti di accontentarvi, ma è solo su prenotazione. Dobbiamo preparare le modelle, come potete ben immaginare.

– No, grazie signorina. Siamo qui per un'altra specialità.

– A cosa si riferisce? Abbiamo moltissime prelibatezze, come ha potuto constatare sulla carta.

– No, nel menù non è riportato. Ma so che voi fate il migliore della città. Un mio conoscente mi ha parlato molto del vostro *tora fugu*. Lo vorremmo assaggiare.

La donna arrossì impercettibilmente.

– Non sono certa di avere capito, signore.

Giorgio Paludi stava iniziando a capire. Forse il suo collega era matto, ma non era il solo. Il gioco gli stava iniziando a piacere.

– Ha capito benissimo signorina. Tora fugu anche per me.

La cameriera rimase immobile per un tempo imprecisato, come se volesse decidere sul da farsi. Poi li congedò con un piccolo inchino dirigendosi verso la cucina.

– Vogliate scusarmi un momento.

Giunse qualche istante dopo quello che presumibilmente era il cuoco. Un omino questa volta *made in japan*, coi capelli irti come denti di un pettine e le orecchie stile padella da amatriciana. Indossava un grembiule costellato di macchie di interiora di pesce e si stava pulendo le mani con una certa energia.

– Dicono che la vita di chi mangia tora fugu è nelle mani di chi lo cucina. Io sono il cuoco.

Poi scoppiò a ridere.

– State tranquilli! Il Tora Fugu non ce l'abbiamo in questi giorni. Ma arriverà. Posso prepararvi comunque dell'ottimo fugu di allevamento. Beh, con quello non c'è divertimento. Ma è buono comunque.

Poi si allontanò con un inchino.

– Parli sovrintendente

– Mi sono concentrato sull'elemento che è più originale della scena del delitto. Gli ospiti degli acquari della cantina. Il fugu, o pesce palla. Che come abbiamo appurato è una varietà di pesce tanto apprezzata quanto velenosa. E soprattutto vietata nel nostro Paese, così come in tutta l'Europa.

– Ne abbiamo parlato un sacco di volte. Ma non ne è venuto fuori niente ed ora lei mi porta qui in questo ristorante e lo stiamo per assaggiare?

– Ho approfondito l'indagine durante le ultime sere con l'aiuto dell'ispettore Anastasi. Ho sentito più volte la dottoressa Turati. L'avevamo vista un po' provata da alcuni fatti personali. E abbiamo cercato di portarci avanti con il lavoro senza darle troppo peso signor commissario. Non so se abbiamo fatto bene o meno, comunque abbiamo appurato che negli Stati Uniti la somministrazione del tora fugu è legale. I ristoratori l'acquistano dall'unico fornitore autorizzato dalla Food and Drug Administration, la Wako International. Il pesce viene pulito in Giappone in uno stabilimento di Shimonoseki da addetti con esperienza decennale, poi ispezionato con attenzione e congelato. Quando arriva negli Usa, viene ricontrollato ed è meno tossico di qualsiasi sushi di tonno.

Paludi stava iniziando a innervosirsi.

– E quello che stiamo per assaggiare da dove arriva?

– Non lo so. E molto probabilmente il nostro cuoco lo sta pulendo nel lavandino della cucina.

– Non mi sta tranquillizzando.

– Sto scherzando. Ma ho trovato dei video. È sistematico. Bisogna separare i filetti dalle interiora velenose senza contaminare la carne. Prima si asportano pinne e coda; quindi si pratica un'incisione sul dorso per rimuovere la pelle. A questo punto si estraggono le viscere e si taglia la testa a metà per togliere gli occhi, anch'essi letali. Quel lungo coltello che abbiamo rinvenuto sul luogo del delitto si chiama *fugu-hiki* ed è concepito in quel modo per trarre la massima quantità di carne da un pesce piccolo e costoso.

– E abbiamo ipotizzato che altrettanto probabilmente in quello scantinato avveniva questo tipo di operazione. Ma non ho ancora capito come sia arrivato a trovare questo posto. E se stiamo davvero per mangiarci qualcosa che potrebbe rivelarsi letale.

– È stato un colpo di fortuna.

Il commissario non fece in tempo a insistere che arrivò la cameriera con un grande vassoio con due portate doppie. Lo depositò al centro del loro tavolo e spiegò ossequiosa.

– Ecco del sashimi, *fugu-sashi*, e del fugu fritto, che in giapponese si chiama *fugu kara-age*. Buon appetito e speriamo che non sia la vostra ultima cena.

Poi se ne andò squittendo. Forse si trattava del celebre umorismo nipponico.

La carne era così sottile e trasparente da lasciar intravedere il disegno oro e blu del piatto di porcellana. E se fosse stato davvero mortale? Nel dubbio Paludì si tracannò due bicchieri di sakè uno in fila all'altro. Il sovrintendente lo assaggiò con nonchalance. Il commissario si aspettò di vederlo diventare paonazzo da un momento all'altro e di dover chiamare un'ambulanza. Ma non successe nulla. Alla fine la fame di Paludi e l'ora tarda prevalsero, veleno o non veleno. Non sarebbe stato peggio del riso ai funghi che si era sbafato il cane. Alla fine ne fu anche abbastanza soddisfatto, era una pietanza delicata, la salsa di soia inteneriva le assonanze. E di veleno nemmeno l'ombra. L'unica cosa che gli stava dando alla testa era il sakè a gradazione sarda.

– Questo è un ristorante specializzato nel rivendere cucina esotica orientale. Frequentato da gente abbiente. Non lo conoscevo, ma ho scoperto che ne esistono diversi in città. Ma questo è forse l'unico dove si può consumare fugu. – fece una pausa e si guardò in giro prima di continuare a bassa voce – Fugu di importazione illecita.

– Sovrintendente c'erano due morti in quella cantina e noi siamo due sconosciuti. Crede veramente che se qui si spacciasse questo tipo di pietanza loro correrebbero il rischio di servircela senza farsi problemi?

– No, non lo credo. Ha sentito il cuoco. Il tora fugu è finito. E ci hanno propinato del semplice fugu d'allevamento o direttamente del merluzzo a fettine. Ma per alcuni clienti è un servizio che potrebbero tranquillamente tornare a fornire appena le acque si saranno calmate. In ogni caso rischierebbero una multa e una chiusura temporanea del locale. E il fugu non lo tengono mai qui.

Il commissario guardò in direzione di una piccola presa d'aria, si vedevano le illuminazioni natalizie della via principale, c'era un nesso logico dopo tutto, il condominio Morgan non distava più di cento metri.

– È un'ipotesi interessante: quando qualcuno ordina lo vanno a prendere in via Matteotti, lo puliscono e quando arriva qui è completamente commestibile. Rischio zero.

– È quello che abbiamo pensato anche noi.

– Ma non spiega perché ci fossero due morti in quella cantina e a noi interessa quello. Come è arrivato fin qui?

– È stata solo fortuna. Gliel'ho detto. Abbiamo deciso di fare un tentativo con i NAS. E abbiamo fatto domande su alimenti di provenienza illeciti, non legali e potenzialmente pericolosi e....

Il commissario prese il pacchetto delle sigarette e lo trastullò, aveva voglia di fumarsene mezza d'un fiato. Non riusciva a ragionare senza.

– Ed è venuto fuori che si erano occupati di qualcosa di simile cinque anni fa, nel 2002. Era saltato fuori che molti ristoranti, cinesi e non, somministravano alimenti di dubbia provenienza, spesso privi di tracciabilità, e avevano norme igieniche che definire scarse sarebbe un eufemismo.

– Vada avanti.

– Direttamente non c'entrava niente con il nostro caso. Ma provi a immaginare da chi erano firmati la maggior parte dei sopralluoghi e dei permessi rivelatisi poi fasulli?

Paludi ci pensò un attimo, non gli venne in mente nulla. Scosse la testa.

– Ci pensi bene commissario.

Poi lo lesse nella mente e gli cascò il bicchiere di mano. *2002... È l'unico che si è reso conto che li stiamo osservando dalla parete a specchi...*

Ce l'aveva sotto gli occhi dall'inizio. Disse il nome al sovrintendente.

– Centro commissario. Centro. E provi a immaginare a chi era intestata la licenza di questo ristorante?

Il bicchiere stava ancora rotolando sul parquet. Arrivò subitanea la cameriera ad asciugare il danno. Il commissario si era alzato come in visibilio. Ci poteva anche arrivare prima dopotutto. Scianna gli aveva messo un regalo sotto all'albero, una ragione per svegliarsi la mattina. L'avrebbero preso.

Qualcosa sarebbe uscito pulito da quella storia. La cameriera si era fatta vicino al tavolo silenziosa come una viet cong.

– Tutto bene signore?

– Sì, credo di sì.

– Beh, aspetti il conto prima di dirlo.

Se Giorgio Paludi avesse avuto un contratto per *Zelig* gliel'avrebbe fatto firmare su due piedi. Non c'era che dire aveva la battuta pronta.

– Signorina, ascolti.

– Mi dica.

– Perché non si fa i cazzi suoi ogni tanto?

Onoranze funebri Abu Simbel, corso San Maurizio 45

Morire non è gratis.

Tutto costa. Potete scegliere di andare da un privato, o dall'ufficio dell'agenzia comunale, ma la seconda scelta non ve la consiglio se volete un servizio decoroso.

In ogni caso avrà un suo prezzo come lo hanno un sacco di soia e un sistema di riproduzione audio della TEAC. Un funerale medio nella norma ormai arriva alla cifra di tremila cinquecento euro. Noi alle Onoranze Funebri Abu Simbel lo offriamo *all inclusive*, comprensivo di trasporto della salma, pratiche per la tumulazione, feretro in legno massello, bara in noce, interni in zinco, valvola zorsol, suggello a fuoco, imbottitura del feretro con la migliore stoffa sul mercato, cofano di fiori, competenze d'agenzia e certificati di morte.

Perché senza certificati ormai non è possibile nemmeno morire. Siete ufficialmente morti solo quando lo scrivono sul documento e lo depositano all'ufficio di stato civile.

È molto importante. Non bisogna dimenticarselo. Servono il timbro del sindaco e quattro firme buttate a casaccio dalle persone giuste.

A queste spese bisogna chiaramente aggiungere le tasse cimiteriali del comune, almeno trecento euro, e il costo del lavoro per il marmista. E c'è da sbizzarrirsi.

Oggi è il giorno delle cremazioni. Ne abbiamo sette da fare. L'ultimo è un caso paradossale. Devo cremare un uomo che è morto in un incendio provocato da una candela che bruciava vicino al letto dove l'uomo stesso dormiva. Una sinfonia di contraddizioni. Aveva una coperta di cotone sul letto che dev'essere scesa fino alla candela nella notte, mentre si voltava nel sonno. Posso immaginare come sia andata. Ho esperienza. Nel giro di due minuti le fiamme si sono propagate a tutto il letto e hanno cominciato a bruciare la maglietta e i pantaloni. O il pigiama. L'uomo era vecchio e con problemi di deambulazione, forse è stato sopraffatto dalla paura ed è morto di crepacuore. Senza sentire le fiamme invadere il proprio corpo. Vedete.

Un arto umano brucia come il ramo di un albero. Prima bruciano gli strati esterni più sottili della pelle che vengono via come la pelle di una gallina. Poi, dopo circa cinque minuti, il derma più spesso si ritira e comincia a spaccarsi, il grasso giallastro comincia a defluire irregolarmente dai depositi. È tutta questione di carburante. Un incendio va alimentato. L'adipe corporeo può essere un ottimo combustibile, ma bisogna sempre tenere conto che ha bisogno di materiali come i vestiti o il legno bruciacchiato che facciano da stoppino. Proprio come una candela, lo stoppino assorbe il grasso e lo spinge tra le fiamme dove viene vaporizzato permettendogli di bruciare. In tal caso il corpo può alimentare il fuoco per circa sette ore. Sì, avete capito bene. Un uomo può bruciare per sette ore. Di più e meglio di un tronco d'olivo. In questo arco di tempo il calore disidrata i muscoli e li fa contrarre, provocando torsioni e movimenti particolari degli arti che spesso vengono scambiati erroneamente, nei casi dolosi, per posizioni difensive della vittima. Le ossa impiegano più tempo a bruciare, lo scheletro si presenta come un modello anatomico annerito, rivestito dai residui unti di carne bruciata. Qui infatti non c'è più niente da cremare. Ma era la sua ultima volontà era scritto nel testamento. Voleva essere arso. Dio ha fatto la sua volontà, sarà cremato per due volte...

Ma oggi quegli inetti che lavorano per me non sono ancora tornati dall'ultima consegna. Era un lavoro di poco conto, ma pur sempre da fare in tempo e a regola d'arte. Gli imprevisti non mi vanno molto a genio, però alla fine decido lo stesso di andare sul retro e accendere il cerca persone. Quando arriveranno dovranno solo chiamarmi. È già successo un paio di volte, ma è una cosa che mi dà veramente fastidio.

Tiro giù la serranda e inserisco il codice dell'allarme. Ho trenta secondi per andare sul retro, sono solo dieci metri e in teoria dovrebbero essere più che sufficienti.

In trenta secondi si possono fare quaranta flessioni e correre per duecentocinquanta metri, se siete un poco allenati. Trenta secondi possono essere molti, poi, se ad esempio li fate in apnea sotto il pelo dell'acqua, e nello stesso tempo una mitragliatrice Beretta AR 70/90 spara trecentotrentacinque proiettili. Sono un bel numero se li usate su una folla. Solo che mi costa fatica dover ammettere che, ultimamente, quel maledetto mezzo minuto sono costretto a percorrerlo in sedia a rotelle. È una brutta storia. Una storia che dura da undici anni. E di trenta secondi in undici anni ce ne sono troppi.

Largo Vittorio Emanuele, piazza Paleocapa, piazza Carlo Felice

Lo seguirono per tutta la giornata sotto la neve.

Era la vigilia di Natale. La temperatura era inchiodata sullo zero termico, nella notte forse avrebbe smesso di nevicare e il freddo sarebbe precipitato.

Il commissario Paludi ripensò a quella lunga giornata e alla cena del giorno prima con il sovrintendente. Era stato fortunato. Ma anche in gamba. Il ragazzo era stato soprattutto ostinato. Tutte caratteristiche che erano mancate al commissario in quei mesi. Stava perdendo lo smalto di un tempo, non era riuscito a sentire l'odore della morte e a fiutarlo fino a dove si era rintanato. Dovette ammetterlo. Invece Scianna si era attaccato all'osso e l'aveva dissotterrato con testardaggine fino a che non si era imbattuto fortuitamente in un dettaglio che gli aveva fornito una pista. A volte le soluzioni ai problemi si presentano rocambolescamente, ma chi non si mette in gioco, non può trovarle.

L'ispettore Anastasi e il commissario si erano appostati sotto casa dell'uomo alle otto di mattina. Non ebbero segni della sua presenza per più di tre ore. Fino a che non videro accendersi e spegnersi la luce di una finestra. Forse era andato in bagno a pisciare. Attesero un altro paio di ore e la luce si riaccese e rispense nuovamente dopo pochi istanti. Qualche minuto di esitazione e lo videro spuntare dal portone di via Matteotti 26 alle undici e quarantacinque. Era uno che sembrava prendersela comoda e l'avevano decisamente sottovalutato. Giorgio Paludi lo guardò.

Erminio Caponi, anni cinquantuno, ex dirigente dell'ASL, non era più quello che aveva incontrato in commissariato. Uscì di casa con un completo di gabardine e quattro licenze di ristoranti etnici di cui era titolare nel portafoglio titoli. Non fece nemmeno cinquanta metri, attraversò la strada, comprò La Stampa dall'edicola di Largo Vittorio e si infilò in un bar a far colazione. Cornetto, caffè e aranciata. In tutto quasi mezz'ora dando una lettura al quotidiano. Nessuna fretta. Strinse la mano al padrone del bar, sembravano in confidenza, anzi ostentava confidenza come uno squalo in campagna elettorale, e uscì imboccando i portici di Largo Vittorio Emanuele dal lato del Blockbuster. Decisero di continuare a pedinarlo a piedi. Anche perché l'ispettore Anastasi si stava covando un'influenza e starnutiva come un ossesso contro il parabrezza dell'automobile. Uscirono prima che l'abitacolo diventasse una bomba batteriologica. Il loro uomo passeggiò senza nessuna fretta fino a piazza Paleocapa rispondendo un paio di volte al cellulare. Purtroppo non c'erano gli estremi per chiedere l'autorizzazione alla sorveglianza del portatile. E delle conversazioni non ne poterono sapere nulla. Alle dodici e un quarto si infilò in un negozio di piazza Carlo Felice. Era una rinomata cappelleria torinese. Il commissario e l'ispettore aspettarono mischiati alla gente che bestemmiava il freddo alla pensilina dei bus di fronte alla stazione di Porta Nuova. Dopo una ventina di minuti Caponi uscì con un pacco sottobraccio, una scatola ovale piuttosto grande, forse aveva comprato un borsalino. Quindi iniziò a passeggiare in via Roma risalendo verso piazza CLN, non aveva fretta e sembrava fottersene di tutti, andava per la sua strada con il suo pacco e il suo cappotto. Andò avanti così per mezza giornata. Trovò persino il tempo di andare al cinema.

– Ispettore, mi sono rotto.

– Che vuol fare commissario?

– È inutile continuare ad aspettare in questo modo. Forse quello stronzo ci porterà da qualche parte, o forse no. Penso sia venuto il momento di accorciare i tempi. Non mi sentirei la coscienza a posto senza lasciargli il mio regalo sotto l'alberello.

Anastasi guardò l'orologio. Forse pensava alla moglie e al figlio che lo aspettavano a casa per la cena. Un Natale in famiglia. Forse doveva ancora andare a prendere i regali e lui lo stava costringendo a pedinare un uomo sotto la neve per uno stipendio da fame.

– Se ne vada a casa ispettore.

– Ma è solo l'una di pomeriggio.

– E chi se ne frega.

L'ispettore lo guardò con rispetto. Quindi lo abbracciò.

– Buon Natale commissario.

– Buon Natale a lei.

Giorgio Paludi si infilò nella metropolitana. Scese le scale di corsa e comprò un biglietto. Arrivò alla stazione di Vinzaglio e corse fino al condominio Morgan.

La gente vive. La gente muore. Non si arriva da nessuna parte mettendosi a fare congetture sul perché.

Sperò soltanto che quella non fosse l'ennesima cazzata della sua carriera. Poi aprì la porta e salì le scale.

Via Matteotti numero 26, ultimo piano, una mansarda di trenta metri quadri

Il commissario Paludi si sedette su una thonet 14 al centro della stanza. La magione del dottor Erminio Caponi non era affatto una mansarda sottoproletaria come il proprietario aveva voluto far credere durante il colloquio in commissariato. Dai tre abbaini si intravedevano i tetti dei palazzi e sullo sfondo il monumento di Largo Vittorio Emanuele era una rampa di lancio borghese nel cielo grigio. In casa una specchiera dagli intarsi dorati raddoppiava lo spazio oltre i muri, un grande tavolo di cristallo era ingombro di libri fotografici. Una collezione di riproduzioni dei migliori scatti del calendario Pirelli e un libro di figure del teatro Nō giapponese. Una moquette Hartley rendeva i passi silenziosi, il commissario provò a far un piccolo salto, non fece più rumore di quello che avrebbe fatto un gatto passeggiando su un materasso. Le pareti erano insonorizzate da una tappezzeria nautica. Era un lusso curato. Ma pur sempre di lusso si trattava, un piccolo scrigno ricolmo di attenzioni.

Paludi spense le luci della casa. Aspettò. Aspettò fino a che la mansarda non fu invasa da una nebbia di tabacco. Fuori iniziavano ad accendersi le luci della sera. Il grigio del cielo aveva uno strappo di arancione verso ovest come nella locandina di *Apocalipse Now*. S'immaginò gli elicotteri che cavalcavano il delta del fiume sulle note di Wagner e i marocchini che spacciavano sul lungo Po che si rintanavano nelle condotte dell'acqua piovana.

La sensazione era quella di stare chiusi in un acquario. Le macchine probabilmente scorrevano nel traffico, ma lì non ne arrivava nemmeno l'eco. Già. Una vasca d'acqua in una proporzione più grande e raffinata di quelle rinvenute in uno scantinato dello stesso palazzo. Assieme a due cadaveri. Qual era il collegamento? Paludi stirò le gambe e controllò la pistola nella fondina. Poi fece scrocchiare le dita e si rimise in attesa. Pensò alla sorpresa della moglie dell'ispettore Anastasi vedendolo rincasare presto il giorno della vigilia. Almeno di quello era soddisfatto.

Finalmente Erminio Caponi arrivò sulla soglia. Girò la chiave nella toppa ed entrando in casa accese la luce. Il commissario era esattamente al centro della sala, il primattore sul palcoscenico di parquet doussie africano. Caponi guardò Paludi senza proferire verbo. Si limitò a fissarlo. Aveva di nuovo il solito volto da cane bastonato. Con quella faccia avrebbe fatto penare qualsiasi giuria popolare per affibbiargli una condanna per non aver lasciato il posto alla nonna sulla corriera. Indossava a piacimento la faccia del capo scout che organizza le battute per andare a ripulire il bosco, quello che si sposta dalla porta per far passare le persone anziane. Non avrebbe mai importunato una signora, non picchiava la moglie. Quello c'era scritto sulla sua faccia. Ma il commissario non era mai stato un uomo tenero sul lavoro. Cercò di non farsi fuorviare. Aveva di fronte un manipolatore, una persona che aveva recitato come un professionista durante una conversazione sull'omicidio di due persone in un commissariato della Repubblica. Un ex dirigente di una struttura pubblica che aveva intascato denaro per alleggerire rapporti, un uomo che aveva fatto pressioni per concedere licenze non verificate e campionamenti falsificati a locali dai quali aveva intascato, e probabilmente ancora continuava a farlo, somme in denaro.

Caponi si sbottonò il soprabito e si sedette su una poltrona accanto all'ingresso.

– Mi scusi se non le ho chiesto il permesso di accomodarmi.

Paludi represse l'istinto di alzarsi in piedi e mettergli le mani addosso.

– A me non piace essere preso per il culo. Da nessuno Caponi.

Adesso i due erano seduti uno di fronte all'altro, il grosso lampadario al centro della capriata ne segnava la mediana.

– Se sono venuto qui da solo e non l'ho fatta ancora sbattere dentro è perché penso che lei possa, e debba, darmi alcune informazioni.

Caponi sbuffò e allargò le braccia.

– Lei è venuto qua da solo commissario perché non ha niente in mano. Lei è qua perché nessun procuratore del mondo le firmerebbe un ordine di custodia cautelare nei miei confronti sulla sola base del mio passato. Ma ha fatto bene. A pedinare la gente lei e il suo socio non siete troppo bravi.

– Lei mi ha mentito. Lei mi ha raccontato delle favole.

Io non le ho mentito. E le favole sono delle storie con un principio etico. Non lo dimentichi. Io le ho raccontato una storia di finzione. Ma una storia verosimile e da cui, se lo si vuole, se ne deduce una tenuta di comportamento, lei forse non l'ha considerata a dovere.

Erminio Caponi andò alla scrivania e diede un'occhiata distratta ai suoi libri.

– Non è passato nessuno a consegnare un libro in mia assenza?

Paludi non rispose.

– Non era una deposizione giurata commissario. Era una conversazione privata tra me e lei. E a dire il vero potrei non ricordare nemmeno di cosa abbiamo parlato. Comunque sia, per le accuse che mi sono state mosse riguardo alla mia dirigenza dell'ASL ho fatto dei processi, ho avuto delle condanne e le sto scontando.

– Vivere in questo posto lei lo chiama scontare una pena? Avere le licenze di quattro locali le sembra aver pagato abbastanza? Con questo tenore di vita? Mangia pranzo e cena al ristorante. Teatro, cinema, viaggi.

– Lei, glielo ripeto, non deve supporre niente. Faccia il suo lavoro. Che cosa vuole farmi capire? Si occupa di religione? È in cerca di una condotta morale nella mia vita? No. E allora taccia. Non è neppure un magistrato e non le tocca di entrare nel merito dei processi dei privati cittadini. Lei commissario – Caponi si era rialzato e aveva appoggiato il cappotto sulla spalliera del letto – se ne deve soltanto uscire da questa casa dopo avermi dato una spiegazione ragionevole per essere entrato senza nessuna autorizzazione.

– Possiamo formulare una richiesta per depistaggio delle indagini.

– Di quale depistaggio parla? Mi faccia le sue domande. Le scriva anche adesso. Le risponderò in forma scritta.

– Chi sono i due ragazzi uccisi.

– Una puttana e uno sconosciuto. Come vede non ho cambiato versione.

– Le puttane lavorano dietro compenso. Non ho ancora sentito nessuno confermarmi che la signora Malgorzata si facesse pagare per fornire prestazioni sessuali.

– Ne sta facendo una questione di lana caprina. Non c'è bisogno di chiedere denaro per essere una puttana.

– Perché sono stati assassinati Caponi?

– La gente parla troppo.

– Mi risponda.

– Le ho già risposto. Lei non sta attento a quello che dico. La gente muore perché parla troppo. E io, quindi, – la sua voce esitò per un istante – non ho niente da riferirle. Chiaro?

Paludi sbuffò. Nella mansarda non aveva trovato nulla di incriminante, l'avrebbero convocato ancora in questura per una deposizione ufficiale. Ma a rigor di logica Caponi poteva ancora considerarsi estraneo ai fatti, o meglio c'era una chiara insufficienza di prove. Avevano mandato dei controlli sanitari nei locali, ma avevano solo trovato dei problemi con un'uscita di sicurezza non debitamente segnalata. Dopo i problemi avuti nel passato evidentemente avevano messo a norma il possibile. Anche il fugu rinvenuto al Nyotaimori era appunto pesce palla d'allevamento gli aveva spiegato la dottoressa Turati. Il veleno del fugu dipendeva dal consumo o meno di plancton. E quegli esemplari non avevano mai visto l'ombra di un oceano.

– Verrà convocato per una deposizione ufficiale.

– Avrete rinvenuto dei campioni di dna e di impronte sulla scena del delitto.

– E con questo?

– Sono disponibile a fare un esame del dna, per un confronto. Non vorrei ritrovarla seduto al buio dentro casa mia tutte le volte che rientro. Metta che una volta mi capiti di tornare in compagnia.

Paludi si mise la giacca. Era venuto il tempo di andarsene. Forse stava esagerando. Forse stava parlando davvero con un uomo solo. Povero no, ma con le palle nella tasca del giubbotto di qualcun altro. Doveva trovare il collezionista di testicoli.

– Non mi chiede come sono entrato qua dentro?

– Era aperto commissario. Non chiudo mai.

– Magari perché non ha nulla da nascondere?

– Ancora una volta le sue supposizioni sono andate oltre le mie risposte.

Paludi sorrise.

– Questa volta ha ragione.

– Mi dica una cosa commissario...

– Prego.

– Lei è comunista?

– No dottore. Non me lo posso permettere. Non sono abbastanza ricco.

– Quelli come lei non lo saranno mai, commissario. Non se ne faccia un cruccio.

Missiva scritta a macchina su carta intestata dello Studio medico CAIR. Mittente: non specificato. Destinatario: Miriam Colucci.

Gentile Signora,

La prego di leggere attentamente le seguenti informazioni: l'aborto con il Myfegine non comporta rischi particolari. Per ottenere i medicamenti, deve presentarsi direttamente nel mio studio qui a Chambery. La visita dura quaranta minuti. L'invio dei medicamenti per posta, come pure la consegna ad altre persone (anche a medici), sono assolutamente proibiti.
Mi raccomando. È necessario portare con sé un documento d'identità e una tessera del gruppo sanguigno. In calce alla lettera troverà i miei recapiti. Cordialmente,

Dottor. M.R.
Studio Medico CAIR
Quai Charles Ravet 35
2310 Chambery
FRANCE

Miriam rilesse la lettera un numero imprecisato di volte. Ma non meno di dieci. Poi prese una decisione.

Erano giorni, settimane intere, che ci pensava. E non si era mai neppure sognata di provare a contattare quello che era, in teoria, e fino a prova contraria, a tutti gli effetti il padre biologico. Si diede della stupida per la millesima volta. Non avrebbe mai dovuto accettare le avances di quel maestro di ballo. Si era comportata come una ragazzina. Come aveva fatto a cascare così in basso? E adesso si trovava con la consapevolezza di una decisione che in qualsiasi caso l'avrebbe fatta sentire in colpa. Non poteva prendersi la responsabilità di crescere un'altra creatura. Faceva fatica ad andare avanti con il peso di Nicole. Se ci fossero stati degli inconvenienti? Se si fosse ammalata? Non avrebbe davvero potuto prendersi quel rischio.

Miriam aveva sempre disapprovato gli adulti che riversano sui bambini il peso di un amore che non sanno esprimere o un desiderio che non riescono a raggiungere. Avrebbe rischiato di inventarsi e vivere un inferno per poi cercare di vedere i propri desideri realizzati dai figli. Ne aveva parlato più volte con l'ex marito. Nei bambini non si replica la nostra vita, non si cerca un riscatto. I bambini sono un dono che facciamo al mondo, un tentativo di pulire un angolo di merda; sono un salto nel vuoto, uomini e donne indipendenti che un giorno ci potranno anche chiamare stronzi; o amarci per sempre. E poi il marito dopo tutte quelle belle parole aveva gettato la spugna come un ragazzino. Per questo non poteva. Non poteva perché non aveva garanzia da dare a quella nuova vita che sarebbe cresciuta in lei. Avrebbe rischiato di vivere tutta la sua vita nella ricerca del sostentamento da dare alla famiglia. Avrebbe vissuto infelice cercando di riversare ogni intima soddisfazione sulle spalle dei figli. E questo non avrebbe mai potuto farlo. Non si pigliano impegni per persone che non si possono chiamare in causa. Tanto meno in una famiglia in cui di partenza non ci sarebbe mai stato un padre. Quello era assolutamente escluso.

Chiuse gli occhi e pensò al bellissimo dominicano che si era fatta quella notte di sei settimane prima. Sì *fatto*. Le sue mani sul suo sedere mentre affondava le spinte dentro di lei. Si muoveva come una pantera, aveva un calore innaturale, artificiale, come se fosse stato una bistecchiera elettrica. E la cosa più incredibile di tutta quella serata era che doveva ammettere di essere stata lei a provocarlo, lei a invitarlo a bere, lei a portarlo fuori per una sigaretta, lei a invitarlo a bere ancora qualcosa a casa sua. Pazzesco. Aveva perso ogni freno. E poi ancora in casa, era stata lei a sedurlo e a comandare il gioco. E Nicole che dormiva nell'altra stanza!

Erano in cucina, lo vedeva ancora davanti che iniziava a togliersi i vestiti. Il suo fisico sembrava scolpito nel legno. Gli addominali erano tesi e simmetrici come una scacchiera. Le gambe forti e affusolate. Gli aveva percorso ogni muscolo con le unghie e poi con le labbra. Lo guardava seduta di fronte a lui come si ammira una statua. Rimase in mutande. Continuò a dargli ordini. Si comportava come un uomo e farlo la eccitava in una maniera vergognosa.

– Anche gli slip.

Rimase nudo. La sua pelle giovane e abbronzata contrastava con i pensili. Sulla parete era appeso un calendario di Anne Geddes vicino a un cigno di ceramica di Capodimonte. L'uomo aveva un sesso ben fatto, una sacca scrotale piena e tesa come un frutto. Ricordò che dovette reprimere la voglia di urlare per sfogare l'eccitazione e l'adrenalina. Glielo massaggiò lentamente. Sentiva il suo calore, voleva marchiarlo, continuò a giocare con l'erezione dell'uomo fino a farlo soffrire. Poi saltò sul tavolo della cucina e si abbandonò sulla schiena. Venne appena lui iniziò a penetrarla con uno schianto, come se stesse cadendo da un palazzo. Poi venne ancora quasi perdendo i sensi. Lui continuò per un tempo che le parve interminabile. Le ballava dentro, suonava una musica. Una danza tropicale. Lo scroscio d'acqua che bagnava i Caraibi all'improvviso nella stagione delle piogge. Poi, mentre lui si stava rivestendo, quella musica rallentò ogni battito fino a diventare un requiem. Lei sentì improvvisamente freddo e volle vestirsi, non voleva che lui vedesse il suo corpo alla luce, quando era freddo e razionale. Si sentì inadeguata. Quel ragazzo era una presenza scomoda nella sua cucina. Adesso le sembrava goffo. Una punta di razzismo iniziò a pungerla al fianco. Era finto, passava le ore in palestra e rimorchiava donne tutte le sere. Sorrideva come un ebete. Leggeva gli oroscopi. Avrebbe scopato allo stesso modo una regina e un cane. Finse un malessere passeggero e lo mise alla porta. Lui se ne andò con un sorriso forse pensando che lei fosse sposata o chissà che altro. Forse si sarebbe divertito a sputtanarla alla prossima lezione. Per fortuna Niky aveva continuato a dormire e non si era accorta di nulla. E adesso... adesso erano passate sei settimane. *2-3 pregnant.*

Adesso erano le tre di notte e dopo nemmeno quattro ore si sarebbe dovuta svegliare. Doccia, colazione, asilo, lavoro.

Andò all'armadietto delle medicine e per fortuna nella confezione di Tavor trovò ancora una compressa. La ingoiò bevendo al rubinetto del bagno. Adesso doveva crollare sul letto e non pensare più a niente. Nemmeno a quella lettera che avrebbe spedito l'indomani mattina al dottor M.R. di Quai Charles Ravet 35 a Chambery.

Il progresso serve a risolvere i problemi della gente. Anche i più complicati.

Torino, stazione di Porta Nuova. Treno regionale 512

La mattina seguente Paludi prese un permesso per andare a recuperare il figlio in stazione. Michele sarebbe arrivato col regionale delle undici e venti in partenza da Genova Brignole ma sul Bisagno la locomotiva aveva già accumulato diciotto minuti di ritardo, e quando il figlio telefonò per annunciare il suo imminente arrivo in stazione a Porta Nuova, il commissario era in piena pausa pranzo. Indossò il soprabito e partì con un panino addomesticato in fretta con lo straccio di prosciutto cotto che aveva rinvenuto nella cucina del commissariato. Per fortuna c'erano delle deliziose melanzane piccanti sottolio tagliate a striscioline che lo rinfrancarono per un momento con il mondo. Ce ne mise mezzo barattolo. Lo mangiò strada facendo insozzandosi come un bambino. Uscendo dal commissariato ne approfittò per recuperare Scerbanenco in casa e fargli fare i bisogni.

Non vedeva il figlio da più di due mesi. Forse tre. Dal settembre precedente quando erano andati a pescare al moletto del porticciolo di Bogliasco. Avevano preso il regionale, il modo migliore per vedere le spiagge nascoste della costa ligure, erano arrivati di primo mattino e si erano messi a pasturare sugli scogli alla base del molo. Sulla spiaggetta c'era ancora qualche turista al riparo che si pigliava l'ultimo sole. Era stata una bella giornata con dialoghi interessanti tra due muti. Non si erano detti una parola fino a sera. Michele era infastidito. Non riusciva a capire perché il padre non avesse mai bisogno di parlare. Era contento di stare insieme a lui e basta. Guardava i colori cambiare sulla spiaggia, gli bastava l'abbraccio delle case sulla costa. Era la sua terra.

Ancora una volta Paludi si sorprese della velocità dei cambiamenti che subiscono gli adolescenti nel corso della crescita. Fino a tre anni prima suo figlio era in lizza per un posto nella nazionale dei lottatori di sumo. Adesso stava smagrendo a vista d'occhio, la vita si assottigliava a ogni visita, le spalle andavano in squadra. Aveva preso anche qualche centimetro e poteva dirsi nella media. Il suo taglio di capelli era migliorato. Perlomeno aveva un'intenzione. Prima si passava la macchinetta della Rowenta a zero senza tante storie. Si era riempito di braccialetti di gomma e sfoggiava una cintura con una "S" dorata incorniciata da finti brillanti. La S era montata su un cuscinetto e ruotava ad ogni movimento delle anche. Forse le ragazze avevano iniziato a guardarlo con interesse. Il fatto riempì di maschile soddisfazione il padre. Di certo Michele praticava un'attenzione nuova verso il genere femminile, la sua brama di scoprirle un centimetro alla volta senza tralasciare niente era didascalica. Così andava trasecolando il padre.

Paludi gli prese lo zaino dalle spalle e lo abbracciò. Michele si divincolò con un certo fastidio dal metro e novantacinque del commissario. Era nell'età in cui si cerca un'identità attraverso il confronto e la sfida con il ruolo dei genitori. E in quella fase non si sopportano le leziosaggini. Lo affrontò senza indugi.

– Papà, sei single?

Interessarsi della sua vita privata stava diventando uno sport praticato in tutte le regioni del bel paese. Cosa poteva saperne il figlio della sua situazione sentimentale? Non gli risultava che ne avessero mai discusso. Tanto meno poteva averlo accennato alla madre.

– Da dove salta fuori questa?

– Siamo sulle difensive. Come sempre.

Michele approfittò dello stallo per recuperare lo zaino.

– Sono amico di Eva.

Il commissario Paludi era esterrefatto. Che la sua – ex-fidanzata avesse cercato di farsi amico il figlio a suo discapito? Già la madre doveva averlo edotto a sufficienza dopo la separazione. Ci mancava anche quella.

– Tu ed Eva vi sentite?

La situazione era paradossale. Lui non l'avrebbe mai immaginato. E se lo facevano, quando lo facevano, perché Eva non gliene aveva mai parlato?

– Su facebook papà. Eva è una mia amica. È più di un anno che l'ho *addata*. Il suo stato è passato da "una relazione complicata"a "single".

– Su facebook, giusto. – Si accese una sigaretta. – Certo. Poi a casa mi spieghi bene questa cosa.

– Veramente sono io che ti ho chiesto di spiegarmi *questa cosa*. Ti ho chiesto se sei di nuovo punto a capo.

Poi Paludi junior inforcò gli auricolari che pendevano dalla cerniera allentata dello zaino e mandò in riproduzione l'I-pod. Il volume della musica era talmente alto che poteva sentirlo distintamente anche il commissario. Era *Monsoon* dei Tokyo Hotel. Un gruppo di adolescenti tedeschi capitanati da un eunuco che attizzava le ragazzine. Il figlio non lo degnò più di attenzione.

Era di nuovo punto a capo? Non avrebbe saputo dirlo. Ma se lo era era anche più stanco del solito. La *sushi connection*, come l'avevano ribattezzata i giornali, lo stava sfiancando. Arrivarono alla macchina giusto in tempo. Un ausiliario del traffico l'aveva appena messa nel mirino. Il cane abbaiò dall'interno dell'abitacolo. Michele si ascoltava le sue canzoni e fine della fiera.

– Scerbanenco visto? Beato te che non hai figli.

Il cane saltò nei sedili posteriori. Poi abbassò il muso sulla sua coperta arancione.

– Non ne hai figli in giro, vero, cane da quattro soldi?

Scerbanenco abbaiò nuovamente e Michele spense la musica.

– Questa macchina puzza. Fumi troppe sigarette. Ti mancava pure il cane, a te.

– Il cane puzza ma tiene compagnia. E comunque anche il tuo profumo non scherza.

Michele Paludi sgranò gli occhi.

– Ma stai fuori? È Calvin Klein One! – Fece lo spelling: – *Sii-chei-uan*!

Poi riprese l'I-pod in mano e scorse la playlist.

– Lasciamo perdere.

– Siamo in pausa.

– Come?

– Volevi sapere se ero di nuovo single. Beh io ed Eva siamo in pausa. Stand-by, Michele.

Il figlio lo guardò con serenità.

– Sei ancora innamorato della mamma.

La risposta lo lasciò senza parole. Ebbe un'esitazione nel rallentare all'incrocio di via Ormea e venne apostrofato coloritamente da un ciclista. Si rese conto che guidare era compatibile con la maggior parte dei pensieri, ma non con tutti. Domande del genere erano pericolose. Non si dovevano fare.

– Michele io non so cosa... Cosa mi chiedi?

– Non te l'ho chiesto. Ho detto sei ancora innamorato della mamma. Era un affermazione.

Chiaro. Come no. Michele Paludi figlio di genitori separati e psicologo in erba. Il commissario non parlò più per tutto il viaggio. Si stava rompendo. Aveva fatto un figlio e va bene. Ma questo dove lo pretendeva il diritto di chiedere tutto quello che voleva e quando lo voleva? Arrivarono sotto casa nei pressi via Guastalla e parcheggiarono la macchina.

– Dove stiamo andando?

– In un internet point.

– A fare cosa?

– A vedere questo *faccialibro*. Sembra che si dicano un sacco di cose interessanti lì sopra. Perlomeno tu lo scruti come una palla di cristallo.

Pensione Gianna, via Berthollet numero sei

Analinda non era in stanza.

V. non l'aveva trovata al suo ritorno. Avrebbe voluto abbracciarla e darle immediatamente la buona notizia, ma lei non c'era. Il buonumore per aver parlato con Sircana, il suo protettore, e averlo ragionevolmente ricattato, stava già scomparendo. Lui era fatto così. Sentiva la pressione in ogni istante. Era abituato a non lasciarsi mai andare. Per via del lavoro. E per via della natura. Quella non puoi cambiarla.

Nella pensione c'era odore di umidità e di nafta: era Fahrenheit, il profumo di Dior che usava a litri. Toccò i radiatori, erano freddi. Andò nell'angolo dove Ana aveva improvvisato una cucina e aprì il frigo con uno strattone, c'erano delle patate in una casseruola, un brick di succo d'arancia, formaggio grattugiato e una vaschetta di mousse allo yogurt. Niente birra e niente alcolici. Poi andò in camera ed ebbe un sobbalzo, il letto era fatto, Analinda non era rientrata a dormire.

V. guardò l'ora: erano solo le quattro. Forse lei era ancora in giro e non aveva finito di lavorare. O, ancora meglio, stava parlando in quel momento con Sonny e lui le stava spiegando quale sarebbe stata la sua nuova vita. Che sarebbe stata libera di essere innamorata e fare un lavoro normale perché V. lo teneva stretto per le palle con le denunce che avrebbe fatto pervenire all'ispettorato del lavoro.

V. era inquieto.

Si mise a perquisire l'appartamento di Analinda, lo faceva sempre quando la donna non c'era, forse per tenersi in allenamento, era pur sempre un poliziotto, o forse per gelosia.

Il posacenere era pieno di sigarette. Le controllò una ad una, erano tutte della stessa marca. Si sedette sul divano per vedere meglio la camera, per controllarla da una nuova prospettiva. Il televisore grande come un armadio troneggiava nella stanza, a fianco, sul pavimento, c'era uno scatolone con delle riviste da donna. Ne sfogliò alcune: Vanity Fair, StarBene e Riza Psicosomatica. V. si alzò e andò a controllare l'armadio che divideva la zona giorno dal letto matrimoniale. Fece un rapido inventario: impermeabile, stivali di pelle, infradito, maglie, mutande, calze, calzini, tutto alla rinfusa senza un ordine pratico. Sul letto vicino al comodino trovò una busta di plastica. Dentro c'erano le bollette: telefono, gas, energia elettrica. Tutte intestate a un nome che non gli diceva nulla. Piera Battiroli. L'ultima era stata pagata il giorno stesso. V. la rimise a posto sorridendo. Anche le puttane pagano le bollette.

Cercò di rilassarsi e guardò nuovamente l'orologio. Erano passati solo diciotto minuti. Così non andava da nessuna parte.

Si sdraiò sul letto. Pensò a quello che facevano su quel letto. Cercò di stamparselo in mente per avere un riferimento pronto e disponibile. Si sbottonò la patta dei pantaloni. Analinda l'aveva stregato. Una volta gli aveva chiesto di aprire la piccola fessura che aveva sulla punta del pene, infilarci il clitoride dentro e scoparla. Nessuno gliel'aveva mai chiesto. Lei c'era riuscita. Come del resto era riuscita a fargli prendere il lavoro metterlo sul piatto della bilancia e giocarselo in un ricatto con il suo magnaccia. Era forse la prima volta che faceva qualcosa per una donna. La prima volta che si pigliava un rischio per qualcuno che non fosse stato lui stesso. Pensò ad Ana, la vide salire sopra di lui in tutta la sua altezza. Continuò nell'operazione dei pantaloni. Rallentò il ritmo per non arrivare in fondo. Riaprì gli occhi. Il soffitto era dipinto di rosa. Un rosa tenue che nella penombra non si notava quasi. Rivide la faccia di Sonny Schiaccianoci. "*Analinda non sarà mai libera. Non lo è mai stata. Pensa solo a quello che stai facendo. Perché è una cazzata. E lei, lei, sta solo cambiando padrone*" V. si alzò e richiuse i pantaloni. Non era cosa. Si affacciò alla finestra. Un pusher stava passando la sua merce a uno studente.

– Coglione.

Lo stava facendo esattamente sotto le telecamere dell'istituto valdese di fianco alle scuole della chiesa ebraica. Una delle zone più controllate di Torino. La sua carriera criminale non sarebbe durata a lungo.

Proprio in quel momento una Mercedes color antracite si affiancò davanti al portone, Analinda sbucò dal sedile posteriore. V. tirò un sospirò, il cuore gli si riempì come un secchio. Andò alla porta, ma aspettò ad aprirla. Le avrebbe fatto una sorpresa. Tutto quello che voleva al mondo era abbracciarla e sentire il profumo dei suoi capelli. Già lo sentiva.

Analinda entrò nella stanza. Il mondo cambiò colore.

Aveva del sangue rappreso sotto al naso. Tremava ancora. V. le tolse d'istinto gli occhiali da sole. L'avevano picchiata duro. Provò a spogliarla della pelliccia, ma la ragazza si divincolò. Le faceva male un braccio. Gli diede le spalle e prese il cellulare. Dopo qualche secondo di attesa iniziò a parlare.

– È qui da me. Che cosa devo fare?

V. sentì il mondo crollare. Doveva aver commesso un errore e mai come allora fu certo che l'avrebbe pagato caro.

– Va bene.

Analinda passò il telefono cellulare a V. lui lo prese con la mano che non riusciva a dominare. Cerco di farsi forza davanti a lei. Era Sonny Schiaccianoci. V. non mosse le labbra.

– Sei di poche parole Corona.

– Non mi piace essere chiamato per cognome.

– E a me non piace essere ricattato Corona.
– Che cosa vuoi che faccia?
– Come diventi docile Corona se ti picchiano la donna.
– Lei non c'entra niente. Lasciala fuori da questa storia.
– Lei è proprietà privata. L'ho pagata con i miei soldi.
– Quanto vuoi.
– Sarebbe troppo facile. Adesso anche tu sei proprietà privata, non ti è concesso fare affari con me. Fai solo un passo falso e Analinda... Analinda è morta.
Analinda era ancora ferma in mezzo alla stanza. Stava singhiozzando. V. sentì il cuore accelerare, aveva le vene strette come manichette.
– Va bene. Non starò più vicino ad Analinda, Sonny, ma non farle del male.
Sonny rise deliberatamente.
– Io non faccio del male.
Si sentì il rumore di un gheriglio che si spacca in sottofondo.
– Io non le farò del male. Le mie cose le tratto bene... E sai perché? Perché mi servono. Dipende tutto da te. Da quanto farai il bravo.
– Non sei mai stato innamorato Sonny?
– Mi offendi Corona. Ma farò finta di non aver sentito. Come potrai immaginare ho bisogno di un favore. E credo proprio che tu abbia voglia di farmelo.
V. guardò la stanza. Adesso era vuota. Analinda si era chiusa in camera.
– Va bene.
– Troverai un cellulare con una scheda nuova nella tua macchina. Ti chiamo dopo. Adesso esci da quella stanza e non farti mai più vedere. Vaffanculo Corona.
Analindà tornò con una valigia. Erano le poche cose di V. gliela gettò ai piedi con rabbia. Lui la guardò, se la im-

presse in mente per sempre e le diede le spalle. Senza un saluto. Ogni istante in quella situazione avrebbe potuto farlo crollare. La vita di Analinda era un inferno e lui stava contribuendo ad alimentare quel fuoco. L'ironia della sorte. Si era sognato di poter salvare un'anima. E stava solo scavando una buca.

Arrivato in strada trovò la macchina all'angolo di via Sant'Anselmo dove l'aveva lasciata. La sua vecchia Ford Capri blu seconda serie. Gli avevano spaccato un finestrino per buttargli il cellulare sul sedile. V. spazzò i vetri con una manata e prese il telefono, c'era un sms. Schiacciò il tasto e lo lesse. Quante cose si possono dire in soli centosessanta caratteri.

Sul messaggio c'era scritto che si stava prenotando una stanza singola alle Vallette. La stava prenotando per un sacco di tempo.

Via Montebello numero 21, al terzo piano interno due

Non ci fu bisogno di andare in un internet point. Michele Paludi si collegò direttamente dal portatile a una connessione wireless non protetta. Era quella dell'università di palazzo nuovo.

– Quindi ho internet in casa e non lo sapevo.

Il commissario pensò che si stava tagliando fuori dal mondo. La tecnologia per lui era ferma alle stereotto e agli amplificatori a valvole. Superata una certa età si diventa semplicemente pigri, non si ha più voglia di imparare niente. E lì inizia il declino civile.

– Sì. E anche in banda larga. Solo che non abilita le porte TCP. Sono chiuse.

Il commissario Paludi tentò di non fare la figura dell'uomo delle caverne. Il figlio puntualizzò.

– Vuole dire che non puoi scaricarci i film o le canzoni.

– Scaricare i film da internet è illegale Michele.

– Ah sì? E chi te l'ha detto?

– Sono un commissario di polizia.

– Allora è illegale se io ti presto un dvd?

– No...

– E se io abito distante e te lo passo via internet non è come se te lo stessi prestando?

– Sì ma...

– E per caso tu non avrai mai copiato le tue audiocassette? Mi raccontavi che ne compravate una originale in società e poi le duplicavate per tutta la compagnia. "Le ascoltavamo a palla con la portiera della macchina spalancata". Sei forse stato un criminale?

– Michele non sto dicendo che chi si scarica illegalmente – lo sottolineò ancora una volta – un film o un disco sia un criminale. Non è questo il punto.

– E dove sarebbe allora?

– Il punto è che c'è qualcuno che con il suo lavoro ha fatto quel prodotto e in questo caso vede defraudato il proprio guadagno.

– Il guadagno a quello glielo fotte la distribuzione e le case di produzione, non la gente che si scarica le canzoni e va in giro a fargli pubblicità.

E con questo il discorso era chiuso. Pur disapprovando la conclusione Paludi fu stupito della coerenza e dell'onestà delle posizioni del figlio.

– Non volevo farti arrabbiare. Mi fai vedere questo facebook?

– C'è poco da vedere.

In un attimo scoprì che il figlio era un autentico esperto di quella rete sociale, una specie di piazza, un bar pubblico a cui si accedeva via computer. Era come stare seduti a un enorme tavolo e avere la possibilità di interagire con centinaia di migliaia di persone.

– Ci sono trecentocinquanta milioni di persone registrate nel mondo. In Italia una persona su tre è su facebook. Si condividono foto, si possono mandare e-mail, si può chattare. Chiacchierare – specificò – Creare eventi e mandare gli inviti. Ad esempio per una festa di compleanno, chessò, un party a sorpresa. È anche il modo migliore per ritrovare vecchi compagni di scuola.

Eva è una mia amica. È più di un anno che l'ho addata. Il suo stato è passato da "una relazione complicata" a "single"

– Che cosa hai detto?

– Che è piuttosto semplice rintracciare la gente. Basta avere nome e cognome. O la mail.

– Questo lo so. Mi arrivano gli inviti sulla mail di lavoro. E non riesco a bloccarli...

Michele cliccò qua e là. Sembrava un rabdomante che usava il mouse al posto della vecchia verga biforcuta.

– Ecco il profilo di Eva.

Paludi si avvicinò allo schermo, inclinò leggermente la mascherina del portatile. Eva aveva messo una foto dove si vedevano solo gli occhi. I suoi fantastici occhi bruni. Grandi e leggermente ovali, con quel pizzico di mediorientale. L'ultima cosa che aveva scritto – postato – era "in cerca di vento". Il commissario strinse i denti e cercò di non farsi fottere dalla malinconia. La verità è che aveva voglia di sentirla e le voleva bene. Ma le avrebbe fatto male chiamandola? Si può chiamare una persona solo perché se ne sente il bisogno anche se quella ripone altre aspettative nella chiamata? Eppoi, forse che lui non ne aveva ancora, di aspettative? Domande. Sempre questioni su cui porre interrogativi. Doveva pensarci con calma. O non doveva pensarci per niente. Nel riquadro sotto la foto notò che Eva e il figlio avevano un amico in comune.

– C'è anche l'ispettore Anastasi.

– Ci sono tutti – rispose Michele, e suonò un po' come "ci sono tutti tranne te".

Al commissario venne un'idea. Anche se più che un'idea era appena un salvagente per non mettere la testa sotto e bere acqua salata. Andò nello studio e trovò quello che gli serviva. Mise gli occhiali per vedere da vicino.

– Che ti ridi! È normale usare gli occhiali per leggere a una certa età.

Finalmente Michele sembrava rilassarsi. Ci metteva sempre un po' di tempo per rientrare in confidenza con il padre. Del resto era inevitabile, i loro incontri erano sempre brevi e diluiti nel tempo.

– Che cosa ti devo cercare, pa'?

– Hai detto che in teoria basta il nome e se uno è iscritto qualcosa salta fuori.

Il figlio annuì.

– Prova con Malgorzata Ujda.

– Cos'è un codice fiscale?

– Più o meno. Si scrive così.

Gli indicò il foglio su cui erano stampate le generalità della ragazza. Michele lo dattiloscrisse online.

– Ce ne sono tre. Due polacche e una americana.

Il commissario controllò da vicino le foto dei profili. Quella americana dimostrava una cinquantina di anni e una delle due polacche non era certamente la ragazza in questione. Ne rimaneva una terza che come immagine di riferimento aveva scelto il primissimo piano di una bocca che mordeva un lecca lecca a forma di cuore.

– Possiamo vedere la sua pagina?

– Dipende dalle impostazioni di privacy che ha scelto.

Michele Paludi cliccò sul nome della ragazza.

– No. Sappiamo solo le pagine a cui è iscritta: è fan di Dr. House, Johnny Depp, Lady Diana, New York City e Sterminiamo le zanzare. Ha sessantacinque amici. Relativamente pochi.

– Possiamo sapere chi sono?

– Quello sì. Sta aprendo la pagina.

– Scorri i nomi lentamente per favore.

Era lei. Un paio di nomi non lasciavano dubbi. La ragazza era in contatto con Erminio Caponi e Leonardo Sistina, o meglio il ragazzo senza nome rinvenuto insieme a lei nella cantina di via Matteotti.

– Michele puoi collegarti alla mia stampante?

– Certo che sì.

– Bene. Stampami la lista di tutti i nomi, poi controllami gli amici di Leonardo Sistina e stampami anche quelli.

Ci volle meno di un minuto. Il commissario prese i fogli e andò in cucina.

Scerbanenco era in trance davanti alla scodella. La fissava senza muovere il muso, come un cavallo con il paraocchi. I cani normali, pensava Paludi, in qualche modo ti facevano capire quando avevano fame. Il suo no. Si metteva davanti alla gavetta e la fissava. Forse era un cane scemo.

– Aspetta un attimo tu.

I contatti su Facebook dell'uomo erano molti di più, trecentottantasei per la precisione. Avrebbe perso la vista a leggerli tutti. Poi pensò che sarebbe stato molto più furbo confrontarli con quelli della ragazza. Se ce ne fosse stato qualcuno in comune avrebbe significato che esistevano una o più persone che li conoscevano entrambi. Scerbanenco alzò il tenore della disputa e prese a raspare sulle piastrelle. Faceva delle specie di vagiti.

– E tu che fai adesso? Cerchi il petrolio? Michele per favore fai mangiare il cane. Ci dev'essere qualcosa nel pensile sotto al microonde.

Era banale. Forse quel dannato sito su cui il figlio passava il tempo e che imbolsiva gli impiegati di tutte le aziende facendo perdere ore di lavoro li avrebbe messi sulla pista giusta. Paludi sentì l'odore. Fiutava di nuovo l'odore della caccia. Come una volta.

– La carne in scatola è finita. Qui sotto ci sono solo spaghetti. Cosa gli do?

– Ti sembra un cane da carne in scatola? Fagli una pastasciutta.

Michele sorrise e si avvicinò a Scerbanenco.

– Spaghetti all'arrabbiata per cena va bene?

Il cane approvava. Scodinzolò iniziando a seguire il figlio del commissario avanti e indietro nella cucina per i preparativi. Giorgio Paludi continuò a spulciare gli elenchi appena stampati per una buona ventina di minuti. Alla fine i nomi in comune vennero fuori. Il commissario sperava di trovarne almeno uno, ma era stato più che fortunato. Ce n'erano tre. Solo che non gli dicevano assolutamente nulla a parte quello di Erminio Caponi, l'unico che si aspettava di trovare. Si tolse gli occhiali e sbuffò. Tanto per iniziare doveva chiedere conto a Caponi sull'ennesima menzogna. In commissariato aveva taciuto la propria conoscenza con l'uomo morto nella cantina.

Michele intanto aveva messo l'acqua a bollire sul fuoco e in una padella stava contemporaneamente preparando il sugo. Sentì l'odore di peperoni e cipolla diffondersi per la casa.

Calma. Doveva staccare il cervello almeno il tempo della cena. Godersi la compagnia del figlio. Restaurare le cellule del corpo. Solo dopo sarebbe tornato a quella maledetta lista.

– È pronto! – urlò il figlio.

Il commissario si sedette a tavola. Mise la faccia nel piatto e ficcò la forchetta negli spaghetti, sembravano più che appetitosi... senza volerlo ripensò ai nomi che aveva appena trovato in comune nella lista: Erminio Caponi, Walter Margheriti e... la pasta era leggermente fatta, ma il sugo era decisamente gustoso, suo figlio aveva un sacco di risorse dovette ammetterlo, alla sua età Paludi non era nemmeno in grado di scolarla la pasta... con la coda dell'occhio rilesse i nomi prima di gettarsi a capofitto nel banchetto: Erminio Caponi, Walter Margheriti e... e Andrea Lazzari.

No. Non gli dicevano assolutamente niente.

Via Pisa 42,
un appartamento di ballatoio con servitù di passaggio

Non aveva amiche. Dovette ammetterlo.

Miriam aveva seguito il suo ex marito come un miraggio. Aveva lasciato il paese. Aveva lasciato la famiglia. Poi il caro ufficiale degli alpini aveva deciso di vivere per servire le missioni della patria in giro per il mondo. E soprattutto per stare lontano dalla responsabilità della figlia. E ora si ritrovava sola. Lei e la piccola Niky. Senza nessuno in quella città. E le città sono un posto di merda per ritrovarsi senza aiuto. Nessuno si accorge di te. È nell'urbe che i romani costruivano le arene. È lì che le belve si mangiavano schiavi e i servi sugli spalti osannavano il monarca. È nelle città che ancora adesso si esauriscono e decidono i destini degli uomini. In vie piene di traffico, in scatole di niente, in lavori inutili, in una schiavitù costellata di insegne al neon con sopra scritto comprati un telefono cellulare, mangia bio, dai in beneficenza cinque euro ad Action Aid che compriamo le infradito per una bambina del Bangladesh. E poi andiamo a bombardarli con i nuovi elicotteri della Westland. E certo c'erano i lati positivi. Adesso Miriam aveva la possibilità di consultare Google Maps, Autoroute all'occorrenza, controllare la strada per raggiungere Chambery direttamente nel cellulare mentre cercava la macchina sotto casa. Poi avrebbe potuto comprare una pillola catalogata come RU486 e abortire. Senza intervento chirurgico, senza anestesia. Già alla quinta settimana. Avrebbe avuto un aborto spontaneo. Uno, massimo due giorni e la sua vita sarebbe tornata quella di prima e un'altra se ne sarebbe andata. Prima di che cosa? Miriam rispose al telefono.

– Pronto sono Miriam come posso aiutarla?

L'importante era che non smettesse mai di essere precisa sul lavoro. "In cosa posso servirla?", "certo faremo il possibile", "non si preoccupi siamo qui proprio per questo". Quante di quelle frasi ripeteva ogni giorno? Ogni frase la diceva con tutta la gentilezza possibile. Pensava a sua figlia, alla macchina che stava finendo di pagare e al mondo in generale, che un giorno sarebbe cambiato. Così. Senza bisogno di avvisare, e l'avrebbe fatto in meglio.

Miriam controllò ancora l'orologio. Mancavano quattro ore scarse alla fine del turno. Poi sarebbe andata a casa e avrebbe fatto come se niente fosse. Una sera della settimana successiva avrebbe accompagnato Niky da qualche parte e con calma l'indomani mattina sarebbe partita per la Francia. Avrebbe preso solo mezza giornata di ferie, ma facendo una levataccia sarebbe riuscita a rientrare al lavoro in tempo per la fine della pausa pranzo.

Il pomeriggio passò in fretta. Prima di dirigersi verso casa si fermò a comprare il latte per la colazione al discount. Niky l'aspettava abbracciata al suo koala di pezza.

– Mamma, c'è sempre una mosca da quando Solaris è sparito.

Miriam si tolse la giacca a vento e ripose il latte nel frigorifero.

– Che dici angioletto?

– La vedi quella mosca lì? Vicino alla luce.

C'era una grossa mosca della frutta che ronzava intorno alla lampada.

– Quella moscaccia?

– Non è una mosca noiosa. È Solaris.

Miriam prese la bambina in braccio.

– Cosa dici?

Miriam baciò la figlia sulla fronte.

– La mosca è qui con noi che gira sempre. Non se n'è voluto andare. Non la vedi che si avvicina?

– Lo sai che ti devo portare da Valeria la prossima settimana? Starai un po' con suo figlio Davide.

– Non mi piace. Davide è cattivo.

– È un bambino come te, ogni tanto fa i capricci.

– Non mi lascia toccare nulla. Vuole solo che lo guardi giocare con la play...

– La play?

– La playstation mamma... e poi continua a dire ancora una partita... e poi te la lascio... e poi non me la lascia mai.

– E tu lascialo fare. È un maschietto. I maschietti fanno cose strane. Ma non è cattivo.

– Anche le mamme fanno cose strane.

Miriam guardò la bimba. Era come guardarsi allo specchio dell'anima.

– E Niky è arrabbiata.

– Che è successo angelo?

– Solaris è morto. Io l'ho aspettato tanto questi giorni e non avrei dovuto. Ho fatto tante lacrime. Sono arrabbiata.

C'era sempre un momento i cui i bambini iniziavano a rendersi conto dei falsi atteggiamenti dei genitori.

– Mi hai detto una bugia mamma?

È una cosa stupida che tutte le mamme fanno per un periodo di tempo, poi alcune smettono, altre continuano a trattare i figli come dei bambini anche a quarant'anni.

– Sì, la mamma ti ha detto una bugia.

Dovette confessarlo. Nicole sembrò considerare la risposta.

Per lei era di nuovo tutto a posto. Rise.

– Ok Mamma. Non fa niente.

Miriam la abbracciò con tutta la forza che aveva.

– Non mi dirai più bugie vero?
– No Niky. Mai più.

Miriam tirò fuori dal sacchetto un pacchetto regalo. Nicole iniziò a saltellare avanti e indietro.

– Io lo so cosa c'è dentro! È Silver!

Miriam glielo riprese e lo posò sotto l'alberello che avevano allestito nel tinello.

– Giù quelle zampacce. Questo si apre dopo domani.

Nicole mise su il broncio più adorabile del catalogo.

– Ma mamma...

Quella sera glielo doveva proprio.

– E va bene.

Nicole scartò il pacchetto in una frazione di secondo. – *un battibaleno!* – Era un delfino di peluche della Trudy. La figlia lo voleva da mesi.

– Ma è gigantissimo! Silver, saluta la mamma.

– Ciao Silver, sono la mamma.

Poi prese la figlia in braccio e con Silver si misero a vedere un po' di televisione. Non c'era niente di interessante. Andava bene così.

Via Ottavio Revel

Il giorno di Natale la temperatura precipitò. Una perturbazione artica investì l'Europa. Alla stazione meteorologica dell'aeroporto di Caselle nella notte la temperatura aveva sfiorato i quattordici gradi sotto zero e ancora adesso, alle due di pomeriggio, la massima non superava i meno otto. Le tubature erano gelate, non c'era più acqua che scorreva negli appartamenti di alcuni quartieri. Non scendeva neve dal cielo, il vapore acqueo se ne veniva via in cristalli di ghiaccio grandi come acini d'uva. Ghiacciava l'aria, si pigliavano bronchiti, niente di poetico. Solo un freddo cane in via Ottavio Revel davanti alla scuola media statale. Il cane del commissario non riusciva a stare fermo, correva avanti e indietro per non congelarsi le zampe. Continuava a girare attorno a una Sedici e avrebbe percorso chilometri se Paludi non l'avesse fatto salire nella macchina di servizio.

L'ispettore Anastasi aveva gli occhiali appannati, continuava a toglierseli e pulirli con un un fazzolettino. Ma era un'operazione inutile. Erano sempre punto a capo. Il commissario e l'ispettore superarono i cordoni di sicurezza della polizia di stato. La macchina era parcheggiata correttamente nelle strisce. Avevano anche pagato il parcheggio. C'era il tagliandino diligentemente posizionato sul cruscotto. Ancora dieci minuti e sarebbe scaduto. Paludi aprì gli occhi.

Il portellone della Fiat Sedici era spalancato, il corpo del dottor Erminio Caponi era rannicchiato nel bagagliaio; era nudo.

Il medico legale stava controllando meditabondo il cadavere. Poi Lucentini si accorse della presenza di Paludi.

– Sa perché i cani si leccano le palle?

– Perché c'arrivano dottore. Me l'ha già raccontata.

– E non la trova divertente?

Caponi aveva le mani e i piedi legati insieme con una corda. Un foro di proiettile alla nuca e un altro alla scapola sul lato del cuore. Non era riuscito a rintracciarlo in tempo. Non poteva più chiedergli il conto delle proprie menzogne. Quelle le aveva pagate salate e tutte insieme. Lo guardò.

Era stato ucciso e punito. Adesso era un simbolo. Un monito omertoso per tutti quelli che erano collegati nella faccenda.

– No. Non la trovo divertente.

– Già non è un bel passatempo per Natale.

– Chissenefrega del Natale dottore. Questo qui l'hanno incaprettato e sparato. Avrei lo stesso umore anche a ferragosto. Che cosa mi può dire?

– A occhio e croce otto dieci ore dal decesso. L'han legato e gli han sparato a bruciapelo. Uno o più professionisti. Non troveremo tracce né impronte, hanno usato i guanti.

L'ispettore Anastasi si era avvicinato. Aveva il libretto di circolazione in mano.

– La macchina apparteneva alla vittima.

– È andato a un incontro. Ha guidato la sua vettura fino ad un posto appartato. L'hanno ucciso e poi l'han parcheggiato sotto casa.

– Perché prendersi questo rischio?

– Quale rischio? Guidare di notte con la neve. Stanotte si congelava non c'era nessuno in giro in questa zona. In ogni caso volevano fare arrivare il messaggio.

– Muti come pesci.

– C'è solo un problema.

– Quale commissario?

– Il Caponi non ha detto una parola. Ha solo fatto capire di sapere e che non poteva aprire bocca perché sennò...

– Sennò rischiava di finire così.

Lo guardarono: era una triste parodia del ritrovamento dell'ex presidente del consiglio Aldo Moro in via Caetani il nove maggio del millenovecentosettantotto. Erano passati più di quarant'anni, e la criminalità organizzata continuava a comandare il paese.

– Mettetelo in un sacco e portatelo via.

Lo sollevarono e perquisirono sommariamente la macchina. Ai piedi del lato guidatore, sopra il tappetino trovarono un foglietto di carta giallo, un post-it mezzo stropicciato. Era una scrittura disperata da mancino, tutta inclinata a destra, afflitta dal coprire con la mano le parole appena scritte. Erano tre lettere, una I, una H, e il principio di una terza che non era stata terminata. Quast'ultima era caratterizzata da un segno orizzontale e uno a quarantacinque gradi che partiva da quello come una specie di cuneo.

Che cosa voleva dire?

Lei è comunista commissario?

No, non me lo posso permettere.

Quelli come lei non lo saranno mai. Non se ne faccia un cruccio.

– Addio Caponi.

Il commissario si tolse il cappello e lasciò che la neve gli pettinasse la scriminatura. Non andava dal barbiere da quasi tre mesi.

Onoranze funebri Abu Simbel, corso san Maurizio 45

La donna entra. Ha le braccia conserte, le mani strette tra loro in un rosario, le dita solcate da profondi calli. Delle profonde occhiaie le segnano lo sguardo come depressioni geografiche. Due occhi scuri, screziati di verde ai bordi. Mi accorgo che è indisposta dall'odore, sento il profumo intenso di frutta vecchia, è mischiato al suo deodorante al borotalco. Si sente nitidamente ai bordi. C'infilo il naso dentro, mi fa girare la testa. Mi saluta con un leggero inchino del capo. Una ciocca di capelli le scappa dallo chignon, si ferma accanto all'incrocio delle labbra. Chiudo gli occhi. Chissà come scopa. Ci provo ogni volta. Lei sopra di me che si muove. Lei sopra di me che apre le labbra e l'umido della lingua. Ma non sento niente scendere sotto la cintura, è come se avessi un'anestesia peridurale eterna. I medici dopo l'incidente erano stati chiari; non mi avevano preso in giro. Paraplegia. Nessuna possibilità di recupero. Una *lesione permanente sottostante il metamero midollare C8*. Così hanno scritto sulla cartella clinica. Niente passeggiate. Niente salti. Niente pompini. Pisciare e cagare nei sacchetti. Niente frizione e niente maratone.

– *Poteva anche andarle peggio.*

E, incredibile ma vero, poteva anche andarmi peggio. Si era ipotizzata una tetraplagia. Appena giunto in ospedale mi avevano effettuato un test muscolare sull'abduttore del mignolo. Il test di forza risultò positivo, significava che la radice nervosa riconducibile alla vertebra C8 che innerva tale muscolo era integra e funzionale. La lesione era quindi inferiore a tale osso. A volte nella vita si nasce fortunati.

La donna finalmente parla. Ha una voce ruvida, appena resa elettrica dal freddo. Mi chiede quanto costa il funerale. Vuole mettere sotto terra lo zio senza tante cerimonie. Lo vuole fare in fretta e trasferirsi nella casa che il caro estinto le ha lasciato in eredità. A un certo punto si mette anche a sorridere raccontando la sua storia, e questo non me lo sarei mai aspettato. Ha un incisivo devitalizzato sull'arcata dentale superiore. Se l'è appena rotto? Chissà perché non l'ha mai fatto curare.

– In realtà non sapevo nemmeno di avere uno zio. I miei sono mancati dopo una lunga malattia che io avevo da poco compiuto diciott'anni. Sì...

Fa una pausa lunga come se si stesse immergendo sott'acqua. Poi ritorna sul pelo con la sua parlata ebbra d'acuti.

– A dire il vero la mamma una volta ne parlò. Aveva un fratello spiantato che faceva il vagabondo da alcuni anni. Aveva girato mezzo mondo, prima per lavoro e poi per fare la questua. Aveva chiesto l'elemosina in ogni piazza della vecchia Europa. Si faceva fare le foto ricordo. Ne ho un mazzo intero. Eccole qua.

Me le mostra. Marienplatz, Plaza de Catalunya, Donegall Square a Belfast, Dimokratias Patra in Grecia, Rynek Glowny a Cracovia, la piazza medioevale più grande d'Europa con la ricostruzione del suo mercato secentesco, e tante ancora da formare una pila di fotografie di quasi venti centimetri.

Le rimetto una sull'altra.

– Vorrei che le seppelliste insieme a lui. Io pensavo fossero le uniche cose che aveva. In realtà mi ha lasciato in eredità qualcosa come trecentomila euro e una cascina nel cuneese. Chissà perché con quella cifra in banca e una casa a disposizione ha deciso di condurre una vita simile...

Penso che è strano sentire dire quel verbo, *condurre*, da una donna in una situazione come questa. Vorrei spiegarle che non trovo per nulla inconsueto il comportamento dello zio e di motivi per scegliere una vita diversa da quella che facciamo ce ne sarebbero milioni.

– Ecco il suo preventivo signora. Fanno tremilaseicento e venti. Con IVA.

Prende lo stampato, guarda distrattamente la rassegna di casse dietro il cristallo che ci divide dall'esposizione. Un paio di operai sono al lavoro su un feretro di cipresso.

– Tutto compreso signora. E senza sorprese.

– Non lo trova originale essere contenti di seppellire qualcuno? Il mio vecchio zio ha smesso di soffrire, e solo Dio sa perché l'abbia scelto, e io, io è come se avessi vinto la lotteria. Non mi sembrerebbe corretto fare finta di essere triste. Non trova?

No, non lo trovo. E mentre do ordini ai miei dipendenti di andare a recuperare il cadavere dell'uomo all'ospedale di corso Unità d'Italia spero che per prima cosa la donna si faccia mettere a posto il dente. Continuo a fissarlo. Mi fa venire l'ansia. Dettagli, solo e sempre dettagli, che finiscono per condizionare le mie giornate.

LA STAMPA

edizione del 28 dicembre 2009

Articoli di Pastorelli e Ceppaglia

Sushi connection, si allunga la lista nera degli omicidi

[...] il caso del condominio Morgan si complica ulteriormente. Al dubbio ritrovamento dei cadaveri di due persone il due novembre scorso, un uomo di circa trent'anni e una donna di circa dieci più giovane le cui generalità non sono ancora state rese note per ragioni di polizia, si è aggiunto un altro inquilino dello stabile, il dottor Erminio Caponi di anni cinquantuno [...] Caponi, ex dirigente dell'ASL, dimissionario in seguito a uno scandalo in merito a licenze concesse dietro pagamento di laute somme in denaro e sommari controlli ai locali clienti del giro di affari, era da alcuni anni disoccupato dopo aver scontato una condanna comminata dalla procura di Torino. Viveva da solo all'ultimo piano dello stabile in una mansarda di sua proprietà. [...] il cadavere dell'uomo è stato ritrovato all'incrocio tra via Ottavio Revel e via Sagliano Micca nel bagagliaio della propria vettura, una panda sedici color crema, parcheggiata regolarmente nei pressi della casa. [...] due colpi d'arma da fuoco sparati da distanza ravvicinata, legato mani e piedi, una prassi che ha subito fatto ipotizzare una collusione con la criminalità organizzata. [...]

"È stato senza ombra di dubbio un omicidio premeditato eseguito da uno o più professionisti" ha dichiarato il responsabile delle indagini, il commissario di polizia Giorgio Paludi, di nuovo al centro di un caso di cronaca

nera eclatante dopo quello brillantemente risolto nel 2005 sull'omicidio della studentessa Michelle Rosas.[4] *"Le indagini avanzano a trecentosessanta gradi. Non ci sentiamo di escludere nulla. Ma un collegamento tra l'omicidio del Caponi e il rinvenimento dei due cadaveri nella cantina di via Matteotti non è stato ancora accertato" [...] ma le indiscrezioni parlano chiaramente di un elemento in comune. L'indagine sta avanzando serrata, effettuata in collaborazione con il nucleo anti sofisticazioni dei Carabinieri. L'attenzione è puntata sulla somministrazione di alimenti di provenienza illegale in Torino e provincia, tracciando un file rouge con l'attività per cui Erminio Caponi era stato condannato nel 2002 a una pena detentiva di mesi trentotto [...]*

---

[4] Vedi *Giorgio Paludi, 44 anni il giorno dei Santi* di Fabio Beccacini, Fratelli Frilli Editori,2008.

Commissariato di polizia, via Verdi numero 11, primo piano

Passarono i giorni. Venne la fine dell'anno. Paludi si addormentò sul divano mezz'ora prima del brindisi. Si svegliò il giorno appresso con la sensazione che avessero utilizzato la sua testa per piantare della carpenteria. Passò il primo giorno dell'anno a deambulare tra il divano, il letto e il gabinetto. Si era scolato una bottiglia di rum e adesso aveva incontri ravvicinati con il cesso. L'ulcera si era trasformata in colite e non aveva nemmeno un Topolino da leggere. Ne approfittò per contare le piastrelle del bagno. Erano centoquattordici.

La sera del primo gennaio tirarono in testa al presidente del consiglio una riproduzione in miniatura del duomo di Milano.

A lanciarla era stato un operaio in mobilità delle acciaierie Severstal di Piombino. Un trentottenne con moglie e bambini a carico. Il souvenir era rimbalzato sulla testa del premier in modo plastico. Era una copia in gomma, un gesto simbolico che aveva colpito nel segno. Un attimo dopo il lancio del monumento la risata si era propagata contagiosa e collettiva dalla piazza, sullo sfondo del duomo, quello vero, si era aperta una *ola* di euforia contagiosa, e da lì nella galleria Vittorio Emanuele il dileggio era sfociato torrenziale. La foto campeggiava su tutte le prime pagine dei maggiori quotidiani italiani e avrebbe fatto il giro del mondo. Il duomo di gomma che rimbalzava sulla testa del presidente e una donna che indicava sbellicandosi dalle risate in secondo piano. Di conseguenza il presidente si era sentito male, probabilmente un collasso, e si era accasciato a terra, ma senza perdere conoscenza. In serata era stato ricoverato precauzionalmente all'istituto San Raffaele per accertamenti.

Uno scatto da premio Pulitzer.

La notizia aveva risollevato l'umore del commissario Paludi. Tutto sommato i miracoli potevano anche accadere. L'Italia aveva bisogno di una rivoluzione o di qualche buona idea. E quella del lancio del duomo di gomma senz'altro non era un brutto tentativo di segnalare i problemi di fondo del paese. Ma non era affar suo al momento.

Aveva da occuparsi di un altro cadavere e la lista della *sushi connection* si stava allungando a dismisura. Trovò l'articolo nella cronaca nazionale. Come al solito, le dichiarazioni degli inquirenti, così come venivano stralciate dai giornalisti, non facevano una gran figura.

Nel pomeriggio stesso del ritrovamento Lucentini aveva eseguito l'autopsia, ma non era emerso nulla di nuovo. Si attendeva l'esame della perizia balistica e nessuna impronta era stata ritrovata sulla vettura. Successivamente era stata convocata una riunione straordinaria in questura. Ora gli uomini a disposizione di Paludi erano aumentati a sette compresi l'ispettore Anastasi e il sovrintendente Scianna. Al vice commissario Levi, invece, era stata assegnata un'indagine a tappeto in collaborazione con i tecnici dell'ASL sui ristoranti etnici della città e provincia. Il tutto in stretta collaborazione con in NAS. Nel giro di tre giorni erano state sospese sette licenze in maniera temporanea e quattro a tempo indeterminato. Erano stati sequestrati altri generi commestibili sprovvisti di regolare autorizzazione a essere distribuiti nell'unione europea. Un paio di conti bancari erano stati congelati. Si intuiva un flusso di contrabbando proveniente dall'estremo oriente e dai paesi dell'ex patto di Varsavia. Le locali autorità cinesi contattate per una collaborazione si erano rifiutate categoricamente. La dogana di

Shanghai da cui era passata la maggior parte del materiale sequestrato non aveva mai risposto alla rogatoria internazionale. Era come cercare un ago in un pagliaio. Per quanto riguardava strettamente l'indagine del duplice omicidio di via Matteotti e di quello del dottor Caponi doveva risalire le tracce di un commercio di fugu eventualmente importato illegalmente, ma comunque quantitativi di poco conto facilmente occultabili in qualsiasi nave container del mondo. Non era materiale tracciato. Era impossibile trovarne il luogo di partenza. Sembrava muoversi sottoterra. Avevano setacciato i conti bancari del Caponi. Uno di dodici mila euro alla Unicredit di via Nizza e milleseicento euro su una carta prepagata delle Poste Italiane. Niente di rilevante. Se gestiva qualche traffico lo faceva in contanti e doveva averlo fatto molto bene. Ne avevano discusso ampiamente in commissariato.

– Io credo invece che Caponi ormai fosse fuori dal giro grosso. Veniva ancora usato per qualche piccola commissione e nulla più.

– E perché ucciderlo in quel modo, allora?

– Siamo in un periodo di depressione economica e sociale. Anche le mafie ne risentono, magari aumentano i loro profitti, ma internamente hanno dei rivolgimenti. Probabilmente avevano bisogno di un segnale per evitare un'insurrezione o una fuga di persone. Ma sto solo ipotizzando.

– Secondo lei, commissario, c'è dietro un'organizzazione?

– Non ne sono sicuro, ma qualche idea ce l'avrei.

Il nome era aleggiato silenzioso nell'aria, ma nessuno si arrischiò a pronunciarlo.

– Che cosa ne pensa del biglietto che abbiamo trovato sotto il cadavere?

– L'abbiamo fatto esaminare, l'ipotesi più probabile è che sia un acronimo latino. *Iesus Hominum Salvator*. Gesù salvatore degli uomini.

– O dell'umanità – ricordò l'ispettore Anastasi.

– Ma Caponi in chiesa non c'andava.

– Però corrisponde alla sua grafia. L'ha scritto di suo pugno. La perizia calligrafica non ha rilevato nessun dubbio in merito.

– È vero. Ma c'è anche un'altra interpretazione. IHS non significa solo questo.

Paludi concordò.

– Abbiamo chiesto a un prete. La frase può anche essere intesa come *in hoc signo vinces*.

Il sovrintendente aspettò la traduzione con un'espressione meditabonda.

– Significa: con questo segno vincerai.

– Ma di quale segno stiamo parlando?

Già. Di quale segno stavano parlando? Perché Caponi aveva scritto quella riga? E soprattutto, c'entrava qualcosa con il motivo della sua morte? Qual era la cifra che permetteva di confrontare i parametri di quel caso e decrittare l'alfabeto? Paludi pensò a Eva, pensò a Michele, alla sua ex moglie e il suo cane, Scerbanenco. Ancora una volta non avrebbe avuto tempo da dedicare alle persone a cui voleva bene. E sapeva perfettamente che l'avrebbe pagato. Poi si mise comodo sulla tazza e cercò di sforzarsi.

Lungo Po. Viale Marinai d'Italia

Analinda passeggiava nell'ombra tra due lampioni, dietro corso Galileo Galilei. Faceva la ronda avanti e indietro intervallando le sigarette, i suoi tacchi cucivano il marciapiedi.

V. la guardò passando in macchina. Analinda era chinata a parlare con un automobilista. Poi l'uomo ripartì lentamente. Non si erano accordati. Era la quarta volta che V. ripercorreva la via, forse lei se n'era accorta ma cercava di far finta di nulla. Non poteva avvicinarsi.

V. si perse ancora. Le strade erano deserte. Con i fari dell'auto incrociava alberi di cenere. Marciapiedi elettrici e il sonno dei binari dei tram.

Girare nel centro di Torino dopo quello che aveva fatto significava rischiare la vita. Ma ormai non gli interessava più molto. Da sempre coltivava un istinto di autodistruzione mitigato, talvolta, da febbrili passioni. Poi le passioni finivano, o se le bruciava al volo e continuava a dilettarsi in un gioco al massacro tra ricordi e peccati capitali. In corso Casale spuntò un quarto di luna oltre la barriera dell'autovelox. V. rallentò fino a sessantacinque chilometri orari. Riascoltò le ultime parole che gli aveva detto Sonny Schiaccianoci prima di congedarlo un paio di giorni prima con la sua richiesta.

Sulla strada non ci sono eroi. C'è solo gente che ha paura della vita. Gente che spara, ammazza, rapina.

Era tornato sui suoi passi dal lato opposto di corso Massimo. Alla sua destra il parco del Valentino e un paio di buttafuori con l'auricolare davanti al Life. Il parco era un giardino alpino costellato di neve e ghiaccio. Non c'era nessuno. In primavera sarebbero arrivate le ragazze della torino bene a fare footing, i pusher si sarebbero attestati sulla "collina" dello spaccio, gli universitari avrebbero improvvisato partite di calcio e football americano. Verso sera sarebbero arrivati gli spagnoli e gli ispanici a fare il *botellón* e a tracannarsi sangria. Una volta la domenica ci venivano i meridionali, facevano la loro gita fuori porta, adesso per lo più i vecchi turisti del Valentino erano stati sostituiti da quelli di nazionalità rumena.

Un gruppetto di matricole attraversò davanti. Forse andavano allo Chalet. All'angolo c'era uno spacciatore da quattro soldi che aveva pizzicato alla Rinascente qualche tempo prima. Era incinta di tutta la serie di *X-Files* in dvd. Forse aveva la fidanzata con le voglie. L'aveva fermato dopo che se n'era passato sotto il naso della guardia giurata all'ingresso che masticava chewingum.

– Stronzo, lo sai che dalla Rinascente han fatto un passaggio segreto che porta direttamente al fresco?

Il tipo l'aveva guardato con aria di sfida.

– Ah sì. E dove sarebbe?

V. gli aveva mostrato il tesserino della polizia di stato.

– Hai vinto un viaggio premio cervellone.

Il ragazzo masticò merda, ma non perse l'ironia.

– Quanto tempo?

– Non me ne frega un cazzo. Vanne a parlare con il giudice e cerca di farti assegnare una singola perché ai froci come te gli fanno la festa.

Altri tempi.

V. era un poliziotto duro e vagamente onesto. Al massimo sbarcava il lunario con qualche peculato. Si rivendeva un po' di coca. Falsificava i verbali e si teneva qualche orologio pizzicato durante le operazioni. Poi andava a Porta Palazzo e lo scambiava con altra roba rubata.

Era tornato nella zona di passeggio. Dalla parte opposta della strada Analinda non c'era più. Dovevano averla imbarcata.

V. abbassò il finestrino e sputò fuori. Era un animale in gabbia. Accelerò fino a piazza Vittorio e mise la quinta in via Napione. Toccò i centoventi prima di scalare all'incrocio di corso Regina Margherita.

Calmo. Doveva stare calmo. Ma non sapeva dove andare, cosa fare, come farlo, e quando. Aprì il portaoggetti e controllò le mazzette di banconote da cinquanta. Pensò a quelle che aveva depositato su un conto cifrato di Zurigo in tanti anni di lavoro. Poi prese al volo la pistola ancorata senza sicura sotto al sedile. Contò i respiri e li fece rallentare. Era tutto a posto.

Quindi imboccò la tangenziale Nord e deviò verso la strada provinciale numero due in direzione di Castagnole Lanzo.

Per Valentino Corona, trentasette anni e un mese, era venuto il momento di sparire.

Istituto di Medicina Legale, corso Massimo D'Azeglio 52

Il cuore ha più stanze di un casino.

Tecnicamente il dottor Lucentini lo sapeva, le stanze non dovrebbero essere più di quattro. Atrio sinistro, atrio destro, ventricolo sinistro e ventricolo destro. L'anatomia è precisa in merito, ogni stanza con la sua precisa funzione. Una specie di *tao* a camere separate, una macchina perfetta e scientificamente studiabile. La circolazione sanguigna è doppia e completa. Gliel'aveva insegnato per prima la sua vecchia insegnante di scienze alle medie Perotti. Il sangue venoso e quello arterioso non si mescolano mai. Questione di valvole.

– Commissario, ha letto l'ultimo numero del National Geographic?

– No dottore. L'ultima cosa che ho letto è la mia busta paga di dicembre. Hanno fatto il conguaglio, devono essersi sbagliati, forse mi hanno mandato il bilancio annuale del Monte dei Paschi di Siena.

– Eh sì. Ci sono sempre un sacco di trattenute. Ma ascolti qua. Ha presente l'ultimo numero del National Geographic?

Il commissario Paludi lo studiò, forse Lucentini lo stava semplicemente prendendo per il culo.

– Non l'ho letto dottore, cosa c'era scritto di tanto interessante?

Se gli andava bene ci sarebbe stata una raccolta metodica di amenità delle Trobriand o geroglifici egiziani della seconda dinastia. Ma non gli era andata bene. L'articolo parlava di prostituzione. Prostituzione nel regno animale.

– Sa che anche le scimmie esercitano la professione più antica del mondo? In Indonesia vive una specie di macaco a coda lunga, il maschio ha l'attitudine di togliere i pidocchi alle femmine in cambio di favori sessuali. È una sorta di rito d'iniziazione che influisce positivamente sul numero dei rapporti che le scimmie intrattengono tra di loro.

Giorgio Paludi guardò Erminio Caponi.

Era supino sul tavolo di lavoro, nudo, aveva uno straccio bianco all'altezza del ventre. Lucentini aveva voluto ricontrollare lo stomaco del cadavere per via di un suo cruccio. Ma il dubbio era stato fugato senza trovare nessuna conferma che potesse aiutare le indagini.

Il dottore estrasse l'enterotomo dall'intestino del cadavere, una forbice speciale con un estremità ricurva. Quindi prese il filo di catgut semplice e lo infilò in un ago a cruna aperta. Dopodiché iniziò a ricucire il torace dell'uomo.

– Nessuna novità commissario. È stato un regolamento di conti. Prima l'hanno legato mani e piedi, poi gli han sparato due colpi a bruciapelo.

Paludi tirò fuori una Stop senza filtro.

– Posso dottore?

– Prego, faccia pure. Qui dentro non si può lamentare nessuno.

Il dottore si tolse i guanti e spense la luce sopra il tavolo da lavoro. Era sudato.

– Non sa che pesci prendere commissario?

Paludi tirò avidamente la sigaretta, si riempì i polmoni di catrame e nicotina.

– Non era una battuta stavolta. Non mi stavo riferendo al fugu rinvenuto nella cantina.

Paludi guardò il muro. C'era una crepa che risaliva la parete fino al soffitto. Andava a scatti come la spina dorsale di un serpente.

– Al contrario dottore. Temo di sapere che pesci dover prendere. Ma sono pesci grossi e sanno perfettamente come nuotare. Noi, invece, quando va bene riusciamo a stare a galla.

Una Twingo verde targata RF739NV

A novembre sua mamma tirava fuori le foto dei morti. Le metteva nel tinello, dove preparava da mangiare. Poi accendeva una candela e la lasciava accesa fino a che non si consumava completamente. Erano delle candele votive che acquistava una volta all'anno all'abbazia di San Michele di Monticchio. Cilindri di cera alti come una persona che duravano fino all'anno nuovo e oltre. E se raggiungevano il primo giorno di primavera, a volte accadeva, si sarebbe prospettata una stagione fortunata.

Miriam aveva sempre conservato quell'abitudine. Anche se contrastava decisamente con la sua razionalità, ma era una cosa che le metteva tranquillità e trovava stupido non farla solo perché non riusciva a soddisfare stupidi parametri cartesiani.

Si avvicinò al cero, chiuse gli occhi e ne aspirò nelle narici l'odore cattolico, dolce e collante. La fiamma ardeva bene sullo stoppino e la candela era ancora alta; quasi mezzo metro. Sarebbe durata. Ce l'avrebbe fatta anche stavolta. Avrebbe scordato quei problemi. Sarebbe tornata a desiderare.

Miriam sospirò. Da un po' di tempo alzarsi presto la mattina le costava fatica. Soprattutto d'inverno. Si svegliava intorpidita, faceva sonni agitati e dopo non riusciva a rintracciare le energie. Fare la mamma era un lavoro. Dava soddisfazioni. Ma le responsabilità che aveva, piccole e grandi che fossero, rischiavano di farle perdere la leggerezza necessaria per tirare avanti.

Continuava a guardarsi intorno. Nello specchietto retrovisore c'era il nove. L'autista si stava fumando una sigaretta, sporgeva la mano dal deflettore. Si accorse di essere nella corsia dei mezzi pubblici, mise la freccia e rientrò più a sinistra. La macchina affrontò il piccolo cordone di cemento con un sobbalzo. Guardò l'orologio. Era l'una meno venti. Non aveva sentito la sveglia quella mattina e stava facendo tardi. Le arrivò un messaggio. Doveva essere la sua amica Valeria. Prese il cellulare facendo un piccolo scarto con la vettura. Valeria le aveva scritto che Nicole aveva fatto qualche capriccio, ma era stata brava e si era addormentata presto. Poi mentre tentava di riporlo nella borsetta il cellulare le cadde ai piedi. Maledizione. Saltò il semaforo giallo di via Ormea, il cellulare le era andato a finire proprio in mezzo alle gambe. Controllò la strada davanti a lei: non c'era nessuno. La macchina più vicina era sulla corsia opposta, ad un paio di isolati di distanza. Miriam si piegò e recuperò il telefono. Per farlo dovette togliere il piede dal gas. Il cellulare era andato a infilarsi proprio in fondo all'abitacolo sotto al pedale dell'acceleratore. Non vide il semaforo all'incrocio successivo diventare rosso. Quando rialzò il capo era proprio in mezzo al crocevia e fu presa dal panico, Miriam andò in apnea mentre una scarica di adrenalina le percorse la schiena. Guardò d'istinto alla sua sinistra: era paralizzata.

Poi sorrise e riprese a respirare; le macchine ferme al semaforo stavano partendo solo in quel momento. Doveva calmarsi. Era tutto a posto. Sarebbe andato tutto bene. Doveva decisamente darsi una calmata. Tirò un sospiro di sollievo e tornò a guardare avanti.

Terza Parte

Non esiste delitto, inganno, trucco, imbroglio e vizio
che non vivano della loro segretezza.
Portate alla luce del giorno questi segreti,
descriveteli, rendeteli ridicoli agli occhi di tutti
e prima o poi la pubblica opinione li getterà via.
La sola divulgazione di per sé non è forse sufficiente,
ma è l'unico mezzo senza il quale falliscono tutti gli altri

Joseph Pulitzer

Il primo giro in Mercedes della sua vita Ernestito lo fece il giorno che morì.

Il carro funebre transitò per mezza città, dal Maria Adelaide fino in centro. Qualcuno si fece il segno della croce, i più si toccarono i coglioni, le donne qualche tetta. Una signora con un labrador al guinzaglio disse anche una preghiera mentre attraversava la strada in piazza Polonia. Un tassì svoltò in corso Raffaello salendo con le ruote posteriori sul marciapiedi.

Ernestito aveva una giacca a vento degli anni Settanta e una camicia a quadrettoni rossi e neri, gliel'aveva data la Caritas tanto per vestirlo in qualche modo. A farsi carico del funerale era stata una nipote. Aveva lasciato una busta con i soldi all'impresario di pompe funebri senza premurarsi di dare un decoro al vecchio nonostante l'uomo le avesse lasciato in eredità una grossa somma. I necrofori non avevano trovata nessuna giacca nel suo armadio. A dire il vero Ernestito non ce l'aveva neppure, un armadio; solo un cartone entro cui teneva alla rinfusa un po' di biancheria e qualche straccio da lavoro.

La bara adesso era al centro della sala mortuaria, tre necrofori ci giocavano a carte sopra e un quarto leggeva ad alta voce le quote scommesse della SNAI bestemmiando.

– Il Real lo danno quattro a uno. È una bella giocata. Gli spaccano il culo ai londinesi.

I quattro continuarono a discutere della scommessa per tutto il viaggio. L'autista sembrava innervosito, ci stavano mettendo troppo tempo e c'era il rischio che le sale scommesse chiudessero prima che lui potesse fare la puntata vincente.

– Che cazzo gli è venuto in mente a morire di domenica?

L'esperto di quote scommesse alla guida insisteva nel ragionamento. Presero la corsia dei tram appena arrivati in via Madama Cristina e centrarono tutti i rossi del mondo. L'autista si stava spazientendo, continuava a guardare l'orologio. C'erano due macchine in doppia fila parcheggiate di fronte al distributore automatico di via Baretti, dovettero doppiarle freccia su freccia come in un viaggio per mare.

– Mi chiude l'agenzia. Stasera il Real li fa neri gli inglesi.

Dopo via Berthollet l'auto bruciò un giallo aumentando l'andatura, un paio di nigger che stavano smontando un banco del mercato nella piazza li apostrofarono coloritamente.

Sulle strisce pedonali stava passando una bionda da strappare il cuore, sgambettava sui tacchi, sorrideva e parlava al cellulare trasportando una caccia da shopping che sarebbe stata iscritta nel guinnes dei primati. Si girarono tutti e due lanciando un fischio. La macchina proseguì dritta nell'incrocio di corso Vittorio Emanuele Secondo. Il necroforo vide soltanto che saltavano il semaforo rosso, guardò il tachimetro, segnava quasi sessanta all'ora: diede un colpo d'acceleratore per togliersi di mezzo.

La mercedes forzò l'incrocio, prese velocità e centrò in pieno una Twingo verde pisello che procedeva lentamente nella via. La macchina francese si ribaltò e rovesciò su un fianco come una scatoletta. La cassa da morto partì dall'alloggio colpendo in pieno la nuca dell'autista. Proseguì la sua corsa attraverso il parabrezza e finì al centro della carreggiata dove incrociò la traiettoria di un ragazzo in motorino. Il ragazzo non riuscì ad evitare l'impatto e venne disarcionato. Il feretro si andò a fermare contro un platano del controviale dalla parte opposta della strada. Il rivestimento di noce si era consumato nell'attrito con l'asfalto della sede stradale, lo zinco della cassa fumava come una pentola a pressione sul gas. Ernestito andò a finire contro il fianco di una macchina parcheggiata.

La Punto blu con a bordo gli altri due necrofori arrivò dopo dieci secondi esatti. Inchiodarono appena in tempo dietro alle chiappe della bionda. Miriam Colucci svenne per un istante, la cintura di sicurezza l'aveva trattenuta e sbattuta contro il sedile, adesso aveva riaperto gli occhi sputando un fiotto di sangue. Vedeva tutto sfuocato, intorno a lei c'era un gruppo disordinato di persone. In lontananza le sembrò di sentire il suono della sirena di un'ambulanza e le grida di qualcuno. Si sforzò di mettere in ordine la scena e riconobbe il carro funebre che era spuntato dall'altra parte della strada senza alcun preavviso. Poi capì che la macchina era rovesciata su un fianco e il freddo che sentiva era quello dell'asfalto sotto la sua guancia. Vicino al suo volto c'erano delle "cartoline".

Sentiva freddo, un freddo senza paragone. Forse era ancora viva. Si sforzò di capire, la strada era coperta di immagini. Cartoline e neve. Allungò una mano, si era rotta un'unghia, ne prese una. Non erano cartoline, erano fotografie, era la piazza di una città che non conosceva.

Andrea Lazzari, lì accanto, era sdraiato supino sull'asfalto, la sensazione non troppo diversa da quella di essere completamente ubriaco. Miriam lo guardò. La sua testa era a pezzi. Miriam pensò che era stupido morire così. Si era rotta le unghie, doveva ancora finire di pagare solo sei rate della macchina e l'ultima cosa che aveva visto era la faccia di un un uomo che non conosceva. Che non avrebbe mai conosciuto.

Non pensò nemmeno un secondo a sua figlia, la piccola Niky. Forse così non l'avrebbe abbandonata. Forse.

Qualcuno coprì il volto di un uomo con la copia di un quotidiano. C'era scritto "Premier aggredito in piazza Duomo. Arrestato un uomo con problemi mentali".

Miriam si addormentò.

Era il terzo giorno dell'anno.

Anno del signore duemila e dieci.

A vederlo dall'alto, l'incrocio di corso Vittorio Emanuele Secondo sarebbe potuto sembrare il set di un film. La pioggia scendeva in verticale e scivolava nelle cortine dei binari del tram. Non c'era vento, pareva tutto sospeso. C'era un principio di nebbia, la pioggia, tanta gente immobile. Tutto insieme come in una polaroid bruciata da una lunga esposizione.

Al centro del crocevia una macchina era ribaltata sul fianco. Dal finestrino laterale i vigili del fuoco stavano estraendo il corpo di una donna. Aveva i jeans inzuppati di sangue fino alle ginocchia. Era messa male. Dall'altro angolo della strada un carro funebre rimasto coinvolto nel disastro era andato a finire contro un platano del controviale dopo aver tagliato la strada alla Twingo guidata dalla donna. Un uomo continuava a urlare confortato dal personale della croce rossa intervenuto in forze con tre mezzi e un'auto medica. Il corpo del suo collega era stato ricomposto sotto un telo. Era quasi irriconoscibile. Da una prima ricostruzione sembrava che entrambe le vetture fossero transitate con il semaforo rosso. Il carro funebre si sarebbe immesso in corso Vittorio Emanuele a grande velocità provenendo da Borgo San Salvario attraverso via Madama Cristina, mentre la macchina proveniente dalla via principale era andata avanti "quasi al rallentatore" procedendo per il corso principale. Uno scontro inevitabile. Un mezzo che andava sparato e uno che andava troppo piano. Come se si fossero dati appuntamento. Un appuntamento stupido e definitivo. C'era finito in mezzo anche un motociclista, lui sì, partito regolarmente con il verde da via Accademia Albertina che avrebbe proseguito in direzione della stazione dei treni. I vigili stavano raccogliendo le testimonianze dei presenti.

Paludì bestemmiò i santi e li cercò sopra il cornicione dei tetti, ma nessuno era venuto a dargli una mano. Già. Sarebbe proprio stato meglio che lo fosse stato un set cinematografico, almeno sui titoli di coda si sarebbero potuti alzare e se ne sarebbero tornati a casa dopo quel film di merda.

Il commissario si accasciò per investigare da vicino la superficie della strada. Non c'erano segni di frenate, né olio. In compenso lungo il crocevia c'erano fotografie in ogni dove. Un agente le stava raccogliendo in un mazzo. Ma erano più quelle che faceva cadere di quelle che recuperava. Anastasi andò incontro a Paludi. Il bavero dritto, la fascetta contro la sinusite stretta sulle orecchie e la testa coperta di nevischio.

– La cassa da morto è partita dal carro – lo mimò con il gesto di una mano. – Probabilmente non era stata assicurata a dovere. Poi ha tagliato la strada al motociclista e si è sfondata contro il platano. Lì all'angolo. Il motociclista non si è fatto quasi nulla, giusto qualche escoriazione.

L'ispettore lo indicò. Intorno c'erano una dozzina di curiosi con gli ombrelli. C'era anche una donna con un bambino sulle spalle che giocava con un telefonino.

– Le fotografie sono del cadavere, dovevano seppellirle assieme a lui. È Ernesto Cirava.

– Ernestito il *loco*.

– Lo conosceva commissario?

– E chi non lo conosceva ispettore? Era un monumento di Torino. Viveva ai murazzi. Ha dormito per vent'anni sopra a un cartone in piazza Maria Teresa. D'inverno si riparava sotto i portici di via delle Rosine, davanti al negozio di giocattoli. Poi come scacciando quel pensiero: – Arriveranno i giornalisti. Chiudete la strada.

Un vigile in zona che lo aveva ascoltato provò a intervenire.

– Ma come facciamo con il traffico? È ora di punta.

– Non mi risulta che siate mai riusciti a risolvere situazioni di questo genere. Per cui la prego di non fare assolutamente niente.

Paludi lasciò il dipendente della polizia locale alle sue preoccupazioni e avanzò verso il dottor Jandelli.

Sergio Jandelli era vice commissario della stradale. Era un pallone gonfiato e un pagliaccio, forse nelle stesse proporzioni. Dirigeva il reparto mobile più grande del Piemonte, ma si sarebbe perso anche passeggiando su un tapis roulant. Accanto a lui c'era il suo tirapiedi preferito, un tenente sovrappeso che avrebbe fatto gongolare il ministro della funzione pubblica. Paludi lo controllò con attenzione e si dovette ricredere.

Era convinto che i paninari fossero estinti da più di vent'anni, ma quello che aveva davanti era un esemplare perfettamente conservato. Jeans Enrico Coveri, giubbotto da aviatore della Schott, felpa con cappuccio Best Company e scarponcini scamosciati rigorosamente Timberland. Il commissario avrebbe scommesso "all in" che portava anche i calzini della Naj Oleari e aveva una cintura da mandriano El Charro. Forse si chiamava Simon Le Bon ed era la copia scappata dal museo delle cere della Stazione Centrale di Milano.

Grugnì in direzione di Jandelli.

– Quelli della stradale sono tutti in ferie?

– Buongiorno commissario.

– Buongiorno un paio di palle. Mi ha chiamato per darle una mano a dirigere il traffico?

Jandelli squadrò il corso. Dal Jolly Hotel stava sbucando una coppia di pensionati con roncato sfera al seguito. L'uomo mise una mano sugli occhi della donna e la trascinò per non farle vedere.

– Non ci siamo mai stati simpatici, è vero.

– Questa è una gigantesca sottovalutazione dottor Jandelli. Preferirei giocare alla roulette russa chiuso in una gabbia sul Mekong mentre i coccodrilli mi mordono le chiappe.

– E se io mi sono preso il disturbo di farla rintracciare non è per la collezione di fotografie del signor Ernesto Cirava.

Gliele fece vedere. Il vecchio fottuto Ernestito si era girato il mondo alla fine.

Beirut, Atene, Alessandria, San Pietroburgo: era stato in ogni dove tranne che Inghilterra e negli Stati Uniti. Mica scemo. Gli inglesi gli facevano venire l'orticaria. Lo diceva sempre. Era uno dei suoi discorsi preferiti assieme a vane teorie su quante donne si fosse portato a letto.

– Va bene. Facciamo una tregua. Cos'è successo?

– Non era un funerale ufficiale Paludi. I portantini stavano solo trasportando i cadaveri al camposanto. Dovevano trascinarli a destinazione e metterli sotto quattro piedi di terra. Fine della storia.

– Non ci vedo niente di strano. Lavorano per un'impresa di pompe funebri.

– Qualcosa di strano invece c'è. Mi segua.

Jandelli salutò due agenti della stradale che si erano radunati nei pressi della Mercedes delle onoranze funebri incorsa nella collisione. Il commissario la guardò da vicino: il parabrezza era polverizzato, il cofano piegato in due, per il resto la macchina aveva retto egregiamente all'urto con la Twingo. Per la povera utilitaria francese doveva esser stato come incrociare un carro da guerra. Uno dei due gli porse un sacchetto di plastica trasparente. Erano i documenti di sepoltura di due uomini. Uno era Ernestito, l'altro non l'aveva mai sentito nominare. Jandelli glieli passò. Paludì li sbirciò una frazione di secondo.

– Qualcosa che non va?

Gli sembrava tutto a posto.

– Questo non va Paludi.

Jandelli batté il palmo della mano sull'altra cassa di frassino. Era ancorata ai supporti nel retro della macchina e aveva retto all'urto. Il coperchio era leggermente divelto. C'era uno spiraglio attraverso cui si vedeva parzialmente il velluto che foderava la povera anima. Il commissario si avvicinò e spinse con forza il coperchio della bara. Da un lato le saldature testardamente tenevano ancora. Gli diede uno strattone con tutta la forza che aveva e infine ne ebbe ragione.

Ci rimase di stucco. Si voltò repentinamente a guardare il collega della stradale. Ma aveva già intuito. Ecco cosa non andava. L'ispettore annuì.

Non era materiale tracciato. Era impossibile trovarne il luogo di partenza. Sembrava muoversi sottoterra.

Stavano andando a seppellire due morti al camposanto. Ma in una delle bare non c'era traccia di cadavere.

Venaria Reale.
Parco della Mandria, zona Robassomero

V. si teneva costantemente sotto i limiti di velocità consentiti dal codice stradale. Non voleva rischiare di essere fermato per una così piccola disattenzione. Valentino Corona aveva la solita giacca di pelle senza imbottiture, aveva il finestrino rotto e la sigaretta in bocca. Faceva freddo. Un freddo puro. Ma gli serviva per rimanere all'erta, per non fare scendere l'adrenalina sotto il livello di guardia.

Alla sua sinistra la Mandria scorreva in cinemascope come una produzione d'oltralpe. Alcuni alberi sfioravano i cinquanta metri, querce rosse, rovere, carpino comune. Intorno uno strato intermedio di frassini, tigli e aceri selvatici si allargava sulla circonferenza del parco. C'erano anche alcuni ciliegi che delimitavano la macchia come una collana.

V. alla Mandria ci veniva in bicicletta da ragazzo con le sue fidanzate settimanali. Le recuperava il pomeriggio mentre facevano finta di studiare botanica al Valentino. Di solito andava il sabato quando aveva finito di sbarcare il lunario. Portava qualche birra, un plaid, due sacchetti di patatine e un po' di erba di quella buona. Quella era vita.

Valentino Corona rallentò, si fermò in una piazzola da cui dipartiva una piccola strada sterrata che si inoltrava nella pancia del parco. Nel tronco di un albero c'era una magnifica femmina di picchio nero che stava portando il cibo alla nidiata. Un aereo decollò dall'aeroporto di Caselle e per un attimo il rombo delle turbine schiacciò la radura nel silenzio. Il volatile si voltò nervosamente, era preoccupato dall'inaspettata variazione nel suo habitat, poi prese l'aria verso uno spicchio di cielo grigio nero. Alzò le ali e visse di quel momento. Cercava altro cibo, aveva una famiglia a cui pensare. Sarebbe volato in quel modo altre volte. V. scacciò il pensiero. Immagazzinò lentamente le informazioni che aveva recuperato. Ripensò a quello che aveva appena fatto e a tutte le conseguenze che ne avrebbe patito a seconda degli eventuali errori.

Sonny non si era attenuto ai patti. Lui aveva dovuto obbedire o a rimetterci sarebbe stata Analinda. Ma il comportamento di Sircana non era stato quello di un uomo. Al di fuori delle leggi dello stato esistono altre regole. Ma pur sempre regole da rispettare. V. non avrebbe mai potuto accettarlo. Si era cacciato in un vicolo cieco. Doveva finire quel lavoro. Sapeva che quel gioco era più grande di lui. Adesso non gli restava che controllare la posta e giocare la sua partita.

V. scese dalla macchina con le chiavi in mano.

Pisciò contro un arbusto di Biancospino, a terra un gruppo di Pervinca cresceva tra la neve.

V. si scrollò il membro e lo rimise a posto, si pulì le scarpe sul bordo del passaggio. Poi andò sul retro della vettura e aprì il bagagliaio.

Sonny Schiaccianoci mugolava come una checca. Così, con gli occhi e la bocca bendata, aveva perso tutta la sua autorità. V. lo tirò fuori trascinandolo per i capelli.

Lo mise in ginocchio davanti a lui. Sante Sircana piangeva, aveva del nastro isolante sulla bocca. Implorava aiuto.

V. gli ficcò la pistola in bocca e tolse la sicura. I pantaloni di Sonny iniziarono a bagnarsi. Puzzava di paura. Paura e merda. V. continuò a fumare la sigaretta, il dito sul grilletto a metà. Immobile.

Tornò il picchio nero con un verme nel becco. V. lo guardò eseguire il suo lavoro. La sigaretta finì di bruciare, Sonny Sircana tremava come un insetto. L'insetto che era sempre stato.

V. spense la sigaretta. Poi estrasse la pistola dalla bocca dell'uomo e la puntò più in basso, verso la sua pancia. Sparò un solo colpo. Sonny si piegò su stesso. Cercava la posizione con cui era venuto al mondo. Si stringeva le gambe al petto, rannicchiato come un feto. V. controllò che il sangue iniziasse ad uscire. Ormai gli macchiava la camicia, era cosa fatta. Poi con un piede sospinse Sonny a terra. V. gli sputò sopra. Non meritava un altro proiettile. Lo lasciò morire in quella radura vicino al parco. In mezzo agli aceri e alle querce. In quel bosco che sarebbe esploso di fiori dopo qualche mese. Lo lasciò morire solo come un cane.

Corso Vittorio Emanuele Secondo. Via Accademia Albertina

– Jandelli mi scusi per prima. Ritiro tutto.

– Sapevo che stava indagando alla *sushi connection* e sapevo che c'era, tra le altre cose, un problema di identità riguardo ai documenti dell'uomo rinvenuto nella cantina di via Matteotti. Appena ci siamo resi conto che in uno dei feretri non era presente nessun cadavere, abbiamo capito immediatamente che qualcosa non andava. Il secondo pezzo del puzzle poi c'ha messo sulla strada giusta.

– Quale pezzo dottore?

Jandelli fece un fischio a un sottoposto, che recuperò da una macchina di servizio uno stampato. L'agente lo passò al commissario. Era una segnalazione di persone scomparse. Riguardava Leonardo Sistina, di Castiglione Falletto.

– Ho fatto fare io quel mandato Jandelli. La madre sostiene che sia stato cremato, ma non ci sono testimoni, né documenti che comprovino l'operazione. Nessuna impresa sembrerebbe essersi mai incaricata di farla. I suoi documenti sono stati riutilizzati da una persona di cui non sappiamo ancora le vere generalità, parlo appunto dell'uomo rinvenuto morto nella cantina del condominio Morgan. Allora pensavo che potesse essere ancora vivo e per qualche motivo avesse voluto nascondersi. O cambiare vita.

– La gente non si nasconde mai troppo distante da dove vive. Pensi a Provenzano. A Riina. Tutti pizzicati nel quartiere dove avevano giocato a nascondino da bambini.

– A forza di giocarci dovevano aver imparato troppo bene Jandelli. Provenzano l'hanno arrestato dopo quarantatré anni di onorata carriera.

Jandelli annuì, poi fermò con un gesto i portantini dell'ambulanza che stavano trasportando via il cadavere del necroforo alla guida del carro funebre.

– Più stiamo vicini e più non ci rendiamo conto di chi ci sta attorno. Più siamo e meno ci conosciamo, è questa la natura delle città.

Jandelli sollevò il lenzuolo.

L'uomo era vestito con una divisa verde petrolio. La divisa d'ordinanza dell'impresa di pompe funebri per cui lavorava. Paludi si avvicinò al corpo e lo guardò meglio. Il capo era stato reso irriconoscibile dall'urto. Il maglione era strappato su un lato. Scostò i lembi della maglia e la usò per pulire dal sangue il torace dell'uomo. Affiorò il disegno delle costole e più sotto, sul fianco sinistro dell'uomo, un'enorme carpa tatuata in un caleidoscopio di colori.

– Che ne pensa ispettore?

– Sembra la cameretta di un adolescente. Un liceale.

– Sì, ma di quelli sfigati. Tutto casa e pippe.

La carpa è simbolo di virilità, nel Giappone antico si narrava che quando veniva pescata e posata sul banco del mercato per essere tagliata non tremasse.

Adesso Leonardo Sistina, trentacinque anni, di Castiglione Falletto, aveva perso ogni forza e, ironia della sorte, era veramente deceduto in un incidente stradale.

– Ispettore voglio tutti gli uomini a disposizione mobilitati su questo caso, voglio sapere vita morte e miracoli di quest'impresa. Chi è il titolare, chi ci lavora, se hanno precedenti. Come si chiamano i loro animali domestici e cosa guardano alla televisione. Voglio sapere tutto.

Anastasi non se lo fece dire due volte e iniziò a telefonare in commissariato.

– Agli ordini.

Paludi seguì la barella verso l'ambulanza. Non parlava più nessuno. La pioggia scrosciava sulla strada in un gesto pietoso.

– E adesso avvisate quella povera donna che il figlio non tornerà più nella sua cameretta. Almeno questa volta potrà mettersi il cuore in pace.

Onoranze funebri Abu Simbel, corso San Maurizio 45

La cosa che mi dà più fastidio è che la maggior parte della gente che tiene delle piante grasse in casa lo fa perché è convinta che abbiano bisogno di poche cure. È un'ingiustizia severa. Sono piante che hanno imparato a sopravvivere in habitat estremi, hanno trasformato le loro foglie in spine, si sono ricoperte di peli e trattengono l'acqua e il fiato. Nondimeno non hanno rinunciato alla loro bellezza, a una certa misura di alterigia: pensate alla yucca, alla sempervivum, che fioriscono solo dopo anni di attenzioni. Come donne che ricordano la sapiente arte del corteggiamento e dell'attesa. E quando lo fanno ti tolgono il fiato. Ci vuole pazienza e illuminazione. Calore. Una lenta calma, e cure e leggerezza. Le piante succulente, chiamiamole con il loro nome, sono le *geisha* del deserto, e muoiono come tutte le altre se non le accudite. Io sono come loro. Lo sono diventato vivendo la mia vita. Ripulendo la mia anima, giorno dopo giorno. Ho tolto le foglie, ho messo le spine. Ho fatto dei miei limiti, la mia forza. Ho studiato, ho letto, ho smesso di essere arrogante. Una volta punivo per sfregio, per divertimento. Adesso pondero le azioni. Adesso so che a certe cause, corrispondono altri e diversi effetti. Una volta avrei capito che dopo un incidente come questo bisognava reagire con durezza. Adesso, invece, so che devo procedere studiando ogni mossa.

Oggi è morto un mio dipendente. Ho perso una macchina da cinquantamila euro. E cosa non secondaria non ho rispettato i tempi di due lavori. Qualcuno dovrà assumersi la responsabilità di questo disagio. Dovrò dare delle spiegazioni. È che certe giornate nascono storte. Come quel giorno di undici anni fa che mi ha messo su questa sedia e mi ci ha lasciato a vaneggiare senza sosta. E certe giornate tornano. Le carte girano, ma il mazzo è sempre lo stesso e le mani capitano. Tutto qui.

Mi avvicino alla finestra. C'è luna piena.

Sin. Iside. Hathor. Artemide. Selene. Quanti nomi ha avuto nel corso della storia.

Osservo la grande macchia scura, quasi al centro. Quello è il mare della tranquillità, una depressione di basalto dove camminò Neil Armstrong, il primo uomo a farsi una passeggiata tra le stelle. Tre miliardi di anni fa una cometa, forse un asteroide, devono averci preso una bella zuccata.

Adesso è un'ombra che fa ululare i cani, influenza le nascite, decide i tempi della semina, consiglia sul taglio dei capelli, forma la crescita delle unghie, influisce sulla predisposizione a ingrassare. Mi piacerebbe venire seppellito lassù. Tra gli astri. Polvere di stelle. E affanculo tutti quanti.

Il campanello suona. Sono arrivati. Li vedo dalla porta a vetri. Uno alto e uno meno. Esito prima di schiacciare l'apri porta. Non ne ho voglia. Vorrei continuare a parlare con le mie bambine. Leggergli delle storie. È che non mi piace ricevere gente in pomeriggi come questi. Tanto meno se sono due che lavorano per il ministero degli interni. Poliziotti. È una cosa che mi fa venire l'allergia. Li avessi incontrati prima... avrei avuto altri riguardi, avrei saputo come dargli il benvenuto... Ma oggi non potrò farne a meno. Devo almeno rendere onore ai caduti in servizio. Poi penso all'altra faccia della luna, quella che non si mostra mai. Quella che guarda la via lattea, dandoci le spalle. Là dietro ci sono tutti i nostri segreti. Sì, penso a tutte le altre facce della luna che stanno in cielo e in terra gettando le loro ombre sul mondo. Penso all'istante in cui tutto questo finirà e non dovrò più aprire e chiudere quella maledetta porta.

Via Tarino 112, davanti a un ferramenta. Un furgone targato GJ458TR

Avevano chiesto un decreto che autorizzasse la perquisizione della sede centrale dell'impresa di pompe funebri Abu Simbel e, se necessario, carta bianca per tutte le altre filiali, per l'appartamento contiguo alla sede di via San Maurizio, dove presumibilmente risiedeva il titolare, e per qualsiasi pertinenza che fosse stata riconducibile all'indagine *sushi connection*.

Il pubblico ministero si era immediatamente attivato, ma il giudice per le indagini preliminari era stato reticente e non aveva ancora autorizzato la questione. Tuttavia il PM aveva dato un placet all'iniziativa di intercettare le comunicazioni per ragioni d'urgenza, ma nel caso il GIP non l'avesse accettata entro ventiquattro ore avrebbero dovuto interromperla e non avrebbero in ogni caso potuto utilizzare le prove eventualmente recuperate in tribunale.

Nelle quattro ore dall'incidente avevano fatto il possibile e l'impossibile. Avevano passato al setaccio i tabulati telefonici degli ultimi giorni e torchiato il dipendente della ditta incorso nell'incidente assieme al defunto Andrea Lazzari, al secolo meglio noto come Leonardo Sistina. L'uomo aveva giurato di non saperne nulla del perché stessero andando a seppellire una bara piena di mattoni. E tanto meno di essere a conoscenza della vera identità del Sistina. Lui l'aveva sempre chiamato Andrea e sapeva solo che era fissato con le scommesse. Era tifoso dell'Internazionale, e avevano scoperto che era entrato in contatto tramite internet con la ragazza morta nel sottoscala, la polacca Malgorzata Ujda. E lei non l'aveva cagato di striscio. Promessa di lupetto.

L'uomo al commissario era sembrato sincero. Dopotutto, se avevano appesantito la cassa con del laterizio probabilmente era perché i dipendenti non ne dovevano essere al corrente. In caso contrario non ci sarebbe stato bisogno di mascherare la tara della bara.

Con loro il pomeriggio dell'incidente c'erano anche altri due dipendenti della ditta che si erano dileguati all'istante. Un classico comportamento da bravi cittadini. C'è un incidente in cui sono coinvolti dei colleghi che versano in gravi condizioni e, invece di dare una mano, i buoni samaritani erano scappati il più lontano possibile a baciarsi le ferite.

Giorgio Paludi entrò nel retro del Ducato marchiato Speedy Pizza parcheggiato in via Tarino. Erano sul retro della Abu Simbel SRL. Due tecnici della polizia stavano intercettando le conversazioni ambientali dell'impresa di pompe funebri con microfoni direzionali e una microspia che erano riusciti a piazzare a tempo di record. Un terzo seguiva la champions league. Il commissario li salutò.

Com'è?

– Il Real è fuori dalla coppa. Ha già preso tre pappine dagli inglesi.

Paludi lo incenerì con lo sguardo.

– Volevo sapere come stanno andando le intercettazioni coglione.

L'altro collega rispose tempestivamente.

– Il segnale va e viene, ma riceviamo senza interruzioni particolari, sono – prese il foglio d'incarico – sono tre ore e un quarto che ascoltiamo e registriamo tutto quanto e..

Paludi gli strappò le cuffie e le indossò.

– Dia qua.

Qualcuno stava parlando, ma non riusciva a capire. Alzò leggermente il volume.

...la yucca e la sempervivum fioriscono solo dopo anni. Come donne che ricordano la sapiente arte del corteggiamento e dell'attesa...".

– Ma con chi cazzo sta parlando?

– Da solo commissario. Non smette mai. Un disco rotto.

Ci mancava pure un logorroico, in quel caso.

– E soprattutto di che cazzo sta dicendo...

...io sono come loro. Lo sono diventato vivendo la mia vita. Ripulendo la mia anima giorno, dopo giorno. Ho tolto le foglie, ho messo le spine...

– Siete sicuri che parli da solo? Non c'è nessun altro?

Uno degli agenti controllò un videoterminale sopra le loro teste. Fece andare avanti e indietro un potenziometro.

– Niente. Gli scanner non rilevano altre fonti di calore.

– OK. mandate dentro gli agenti.

Anastasi prese la radio e contattò i due poliziotti. L'uomo all'interno stava abbaiando qualcosa in merito al satellite terrestre e a tutti i nomi che aveva avuto nel corso dei secoli. Dopo alcuni secondi il commissario sentì suonare il campanello e un ronzio elettrico appresso. Alzò ancora.

– Cos'è quel rumore di sottofondo? È intermittente.

– Non lo sappiamo, ma...

Poi di scatto interruppe con un cenno della mano la risposta dell'ispettore.

– Aspetti, me lo racconta dopo.

In quel momento entrarono i due agenti microfonati per conferire con il padrone della baracca. Un uomo di cui non si erano ancora appurate le generalità.

Alcune ore prima, durante il briefing in commissariato, avevano fatto il punto sul caso *sushi connection* e avevano deciso la linea d'azione su suggerimento del vice questore Parisi. Un tecnico della polizia aveva risaldato la bara vuota e avevano concordato di comune accordo la versione dei fatti da fornire all'impresa di onoranze funebri e all'opinione pubblica. Avrebbero fatto finta di non sapere nulla riguardo al carico di mattoni. Niente doveva trapelare dei collegamenti con Leonardo Sistina e la *sushi connection*. Avevano bisogno di tempo per recuperare il maggior numero di prove possibili e speravano che il padrone della Abu Simbel non mangiasse la foglia. Doveva risultare solo il semplice incidente che era effettivamente stato. Anche se, lo sapevano tutti, ormai non si potevano più ascrivere tutti quegli eventi alla fortuita considerazione del caso.

Due morti in un sottoscala. Alimenti di importazione illegale. Uno dei due cadaveri ha i documenti di una persona teoricamente deceduta anni prima e in realtà scomparsa nel nulla. Ora quella persona la ritrovano casualmente in seguito a un incidente stradale e si scopre non di meno che la stessa persona è alle dipendenze di un'impresa di onoranze funebri, in nero, mentre sta andando a inumare con altri tre colleghi una bara vuota. *Last but not least*, in via del tutto ipotetica, ma suffragata da numerosi indizi, la somministrazione del fugu avveniva presumibilmente, e non solo, in un ristorante etnico la cui licenza era stata di proprietà del fu Ernesto Caponi. Caponi stesso era poi andato ad allungare la lista dei morti, incaprettato e sparato sotto casa.

I collegamenti erano troppi, stavano percorrendo i lati di una ragnatela e alla fine avrebbero incontrato il padrone della rete. Ma non dovevano assolutamente correre il rischio di andargli a finire in bocca, ne tanto meno dargli il tempo di ripulire le prove che doveva aver lasciato in giro.

I due agenti finirono di spiegare le dinamiche dell'incidente all'imprenditore. Paludi ascoltò tutto con estrema attenzione, l'uomo sembrava una persona pacata, gestiva un linguaggio forbito senza particolare difficoltà. Si sincerò delle condizioni del necroforo sopravvissuto premurandosi di rintracciare nel minore tempo possibile gli altri due dipendenti. Spiegò che quasi sicuramente si erano spaventati – lo shock, – disse tradendo un incipiente dialetto meridionale – e in un certo senso li capiva. Ma erano persone oneste e si sarebbero fatte vive. Non disse di essere già al corrente di tutto, come risultava dall'intercettazione, e di avergli già parlato deprecandoli per la loro scarsa attenzione nello svolgere i delicati lavori che gli venivano commissionati.

Il discorso andò avanti formalmente per quasi dieci minuti, poi arrivò il momento studiato. Il sovrintendente Scianna avrebbe dovuto mettere il sale sulla coda del titolare della Abu Simbel. Proprio mentre se ne stavano per uscire. Paludi drizzò le orecchie.

– Come può immaginare ci saranno dei problemi con l'assicurazione. E dovremmo fare degli accertamenti.

– In che senso sovrintendente?

– Un suo dipendente è morto alla guida di una vettura della Abu Simbel SRL, per cui era in servizio. Ma come saprà meglio di me, era assunto in nero. L'ispettorato del lavoro verrà a farle qualche domanda. Arrivederci.

Chapeau.

Giorgio Paludi, quarantotto anni il giorno dei Santi, immaginò la mascella contratta dell'uomo e l'uovo che dovette ingoiare, mentre salutava con contegno i poliziotti. Adesso sarebbe diventato nervoso. Adesso avrebbe fatto un passo falso. L'avrebbero inchiodato. E tutti i morti avrebbero avuto il loro nome.

Centro Traumatologico Ortopedico, via Zuretti 29

Il silenzio si appiattì intorno a lei. Un rumore lento e nero come un corpo che scivola nell'olio. Per alcuni minuti, forse ore, non riuscì a sentire nient'altro. Suoni, parole, palpitazioni. Nulla. Solo il calore che le si appiccicava alla fronte e al corpo, avvolgendola in un sudario. Era entrata in un fondaco senza luce, un pozzo artesiano con l'uscita in curva. La percepiva la fine del tunnel, doveva pur esserci da qualche parte una via di fuga, ma non la poteva vedere. Né tanto meno sentire. Poi, come se nulla fosse, aprì gli occhi con assoluta naturalezza come risvegliandosi dal sonno. Ma era tutto scolorito. C'erano delle forme in un alone di bianco. Le parole le uscirono dalla bocca impastate di ceralacca.

– Nnnn veee niiiittte.

Non riusciva a parlare, c'era qualcosa che la tratteneva. Una mano, qualcuno, si avvicinò e le tolse qualcosa dalla faccia.

– Buongiorno Miriam.

Aveva la mascherina per l'ossigeno. Miriam quasi urlò.

– Non vedo niente!

Poi quasi sorpresa dal suo tono. Piano.

– Non vedo niente. Sono...

– In ospedale.

– ...dale.

– Sì. Stia tranquilla. È senza occhiali Miriam. Ha avuto un brutto incidente. Vorremmo avvisare qualcuno.

Ha avuto un brutto incidente? Quale incidente? Nicole?

– Ni... Ni-cole?

– Si calmi signora.

– È mia figlia... dov'è mia figlia? Nicole si è fatta male? Ni...

– Sua figlia sta bene. Non era con lei. Era da sola, in macchina. Cerchi di non agitarsi.

Miriam iniziò a sudare, il cardio frequenzimetro aumentò fino a centotrenta. Il medico si avvicinò all'infermiera, le fece un cenno.

– Miriam, per il suo bene dovremmo tenerla un po' sedata.

– Mia figlia! Voglio vedere... Niky.

Il medico le praticò un'iniezione di Minias direttamente in vena.

– Sto morendo?

– Stia...

L'infermiera le rimise la mascherina.

– *Monneeeefdsf*

Sentiva di nuovo solo un sibilo, stava di nuovo scendendo giù giù, c'era ancora sul pelo quel suono intermittente e metallico. Poi il sedativo iniziò a fare effetto. La sua frequenza cardiaca diminuì lentamente, la pressione sanguigna scemò. L'ampiezza delle sue contrazioni gastrointestinali si alleggerì. Non riusciva a capire. Cosa le stavano dicendo? *Incidente. Nicole. Perché guidava. Dove stava...*

Via Tarino, davanti a un ferramenta, un furgone targato GJ458TR

Gli agenti addetti all'intercettazione ambientale rimasero tutta la notte sul Ducato. Caffè su caffè. Zucchero, tè e attese. Qualche Big Mac da asporto che gli portarono i colleghi in un sacchetto. Ascoltavano il monologo proveniente dalla Abu Simbel. L'uomo parlava in continuazione, recitava, e la sua platea era sempre muta e silenziosa.

Anche dopo l'orario di chiusura i carri funebri erano andati avanti e indietro come se niente fosse stato. In quattro ore ne erano usciti tre e rientrati due. Piuttosto strano. In genere non si svolgono servizi di quel tipo in orario notturno.

Il commissario si stirò le gambe, ne aveva le palle piene di tutte le cose strane di quel caso. Non c'era niente a posto. L'unico tassello in ordine era stata la conferma giunta in quelle ore dell'identità della ragazza polacca tramite il loro consolato romano. Si trattava di Malgorzata Ujda detta Gosia, pronuncia *Goscia*, nata a Oswiecim.

Nel frattempo tornò l'ispettore Anastasi dal commissariato di via Verdi. Faceva la spola per tenere informato Paludi sugli sviluppi dei controlli della task force che avevano allestito tra la sala d'attesa e la cucina e che si stava occupando del caso *sushi connection*. Il mandato di perquisizione non era ancora arrivato. Il giudice per le indagini preliminari riteneva deboli alcuni passaggi dell'impianto accusatorio. Paludi aveva capito l'antifona. Il GIP era uno nuovo e relativamente giovane. Si stava muovendo in maniera politica, prima di iniziare a pestare i piedi qua e là voleva sapere come era inclinata la bilancia del potere. E soprattutto non voleva concedersi la possibilità di sbagliare.

– Novità?

– Niente di rilevante commissario, ma finalmente siamo riusciti a sapere qualcosa sul nostro uomo. Il titolare dell'agenzia. Abbiamo un nome.

– Come si chiama?

– Giacomo Mann.

Paludi scosse la testa. Non lo conosceva.

– Ha la fedina pulita. Sessantaquattro anni. Figlio di immigrati italo americani. Viene dall'Indiana, Warsaw. Ha comprato la ditta una ventina di anni fa e ne ha assunto la direzione da circa undici.

– Abbiamo una foto?

I due agenti che si erano introdotti nel pomeriggio l'avevano descritto come un uomo piuttosto piccolo, simile a un nano, in sedia a rotelle. Aveva degli occhiali dalle lenti scure. Capelli rasati a zero. Ma non si era mai mosso dall'ombra di un cactus che teneva vicino alla scrivania e avevano visto poco altro.

– Niente di niente.

– Come sarebbe a dire niente di niente ispettore? Non le sto chiedendo un book per un'agenzia di modelle, vorrei almeno la foto tessera della carta d'identità di quest'uomo. Ha detto che è arrivato dall'Idaho?

– Indiana.

– E va bene. È indiano. Ci sarà un cazzo di passaporto!

Anastasi negò.

– Commissario si calmi. Non c'è. Non c'è una cristo di foto di quell'uomo. Nessun documento che...

– E allora come cazzo sapete che è quello il nome del titolare dell'agenzia?

– Perché c'è scritto alla camera di commercio. Perché fa una dichiarazione dei redditi e perché nel 1998 è stato ricoverato in ospedale a seguito di un incidente di caccia. È caduto da un muro a secco ed è rimasto paralizzato. Ma non c'è uno straccio di documento di niente.

– Ecco cos'è quel ronzio elettrico. Sta su una sedia a rotelle.

Anastasi annuì.

La storia puzzava come le fogne di Benares in un giorno in cui eccezionalmente fosse piovuta merda dal cielo.

Il commissario uscì dal furgone e si accese una sigaretta. Torino era avvolta nella nebbia, non si riusciva a vedere il culmine della Mole Antonelliana in fondo alla strada. E quella stessa foschia stava obnubilando anche le sue facoltà mentali. L'ispettore Anastasi lo seguì meditabondo. Paludi finì la sigaretta in due minuti e ne appizzò un'altra da quella senza smettere di aspirare. Poi prese a camminare lungo via Tarino, girò sul fianco dell'isolato percorse Santa Giulia fino alla piazza del mercato e tornò indietro fino a capitare di fronte alla serranda abbassata della Abu Simbel sul corso principale. Poco più avanti era parcheggiata una delle loro macchine di servizio. Paludi la raggiunse. Era una Punto verde militare, quella con cui erano rientrati i dipendenti spariti dal luogo dell'incidente nel pomeriggio. Sul cofano c'era un piccolo adesivo con un disegno colorato. Lo stesso che stava sui vetri dell'agenzia. Verde bianco e rosso. Sotto la scritta dorata dell'azienda erano serigrafate le tre scimmiette sagge con i colori della repubblica italiana. I tre scimpanzè giapponesi di proverbiale memoria. Sotto ad ognuna delle scimmiette c'era scritto un nome. Paludi guardò l'adesivo per quasi un minuto. Stava perdendo la pazienza. Lesse i nomi una dozzina di volte. Forse voleva stare a significare il definitivo stato di quiete di chi veniva affidato alle loro cure. Poi comprese e per poco non se la fece addosso. Guardò Anastasi con gli occhi iniettati di sangue. Aprì il pacchetto di sigarette, ma le aveva finite, corse fino al distributore automatico, ma era senza tessera sanitaria. Tornò indietro e ne scroccò all'ispettore. Paludi non spiccicava verbo. L'ispettore sapeva che non gli restava altro che aspettare. Il commissario camminò fino alla sede dell'università. Si mise a fissare la scultura di una doppia testa dentro a cui scrosciava dell'acqua. Ci si perse. Poi ripartì e raggiunse nuovamente il furgone e poi ancora salì fino al commissariato e ancora passò attraverso ai Giardini Reali. Se continuava così prima o poi qualcuno li avrebbe notati e addio copertura. Anastasi gli teneva la coda con una certa fatica.

– Commissario si sente bene?

Finalmente Paludi si acquietò.

– Ispettore quando la gente ha paura che cosa fa?

Di sicuro non stava rispondendo alla domanda. Provò ad assecondarlo.

– Scappa.

– E se non scappa?

– Si nasconde.

– E se non si nasconde?

– Continua a fare quello che faceva prima?

– Sì. È la teoria delle tre scimmiette. Le ha viste sul cofano della macchina.

– Le ho viste. Sembrano essere la mascotte della società.

Paludi dava l'impressione di essere completamente ubriaco. Forse aveva riniziato a bere troppo.

– Commissario non vorrei sembrare insistente. Si sente bene?

– E cosa facevano ispettore?

– Chi?

– Le scimmiette.

– Le scimmiette?

– Le scimmiette.

Provò a dargli corda.

– Una si tappava le orecchie, una gli occhi e la terza la bocca.

– Perché?

– Come perché? Perché non lo so commissario mi sta facendo impazzire! Cosa vuole dirmi? Vuole un'altra sigaretta?

– Lo fanno perché hanno paura, e chi ha paura ha paura del male. Non capisce?

L'ispettore cercò la frase più consona per non fare saltare i nervi del superiore. Ma non ne trovò alcuna.

– No.

– Le tre scimmie si tappano orecchie, occhi e bocca, perché così non vedono il male, non sentono il male, non parlano del male! Perché così continuano a fare quello che facevano prima!

Aspirò il fumo fin dentro la pancia. Era convinto di aver esposto un concetto lapalissiano.

– Continuano a vivere ispettore.

– Si sta riferendo all'omertà commissario?

– Mi sto riferendo ai nomi delle scimmie ispettore. Li ha letti?

Anastasi scrollò il capo e si accorse solo allora che il sovrintendente Scianna era lì e li aveva seguiti dall'inizio. Adesso li ascoltava come il primo della classe seduto nel banco in fronte alla cattedra. Si era scritto i nomi delle scimmie su un foglietto di carta.

– Stia a sentire.

Paludi enumerò con l'indice la conta.

– La scimmia che non vede si chiama Izaru.

Alzò il dito medio.

– La scimmia che non sente si chiama Hikazaru.

Infine aprì il pollice.

– La scimmia che non parla si chiama Ziwazaru.

L'ispettore era salito sulle giostre, aveva il mal di mare e non stava capendo niente. Scianna invece aveva la vescica gonfia dall'eccitazione. Quasi urlò.

– Con questo segno vincerai. Gesù salvatore dell'umanità!

L'ispettore stava per perdere il controllo.

– Voi due non state bene.

– IHS

– *Iesus Hominum Salvator* – insistette l'ispettore. – Ho capito. Il foglietto scritto dal Caponi ma cosa c'entra con le tre scimmie...

– Izaru. Hikazaru. Ziwazaru.

– Ma Ziwazaru inizia con la Z. Caponi aveva scritto I H S!

Guardò anche il sovrintendente.

– Siete impazziti? Io chiedo un trattamento sanitario obbligatorio.

Paludi si grattò le palle aveva una spiegazione da telequiz.

– *Salvator* è in latino. E in greco inizierebbe con la sigma. Gliela scrisse nella neve sul cofano di una macchina: "Σ". – ecco, noi avevamo pensato che Caponi volesse scrivere una sigma e fosse stato interrotto a metà strada. In realtà voleva scrivere una zeta. Solo una cazzo di zeta!

Paludi controllò l'effetto che la tirata aveva avuto sull'ispettore. Era la prima volta che non rimpiangeva di avere studiato al classico. Ecco a cosa erano servite quelle mattinate. A fare il poliziotto. Anastasi era scettico.

– E Caponi avrebbe usato questo giro di parole per ricondurci alle tre scimmie? Perché non darci l'indirizzo della Abu Simbel e fine della storia?

– Perché dentro al giro non si può vedere niente del giro, non si parla del giro, non si sente del giro. Le tre scimmie. Si possono lasciare solo dei segni. E ce li stanno lasciando da mesi. L'uomo della cantina di via Matteotti si è mangiato i documenti per farceli ritrovare, Caponi ci ha dato le iniziali per arrivare fino a qui. Se avesse scritto l'indirizzo di queste pompe funebri, chi l'ha ucciso avrebbe fatto sparire anche quello, ispettore.

Anastasi non riusciva a capire tutta quell'eccitazione. Che ci fosse un collegamento con la Abu Simbel era più che evidente ormai. C'era ancora qualcosa che dovevano capire. Paludi continuò nel ragionamento.

– O magari sarebbe anche riuscito a dirmelo. Ma Erminio Caponi è morto prima del tempo.

Rallentò per prendere fiato.

– Ed è morto per colpa mia.

– Cosa dice commissario?

– Quando sono stato a casa sua per le scale ho incrociato il notaio Terminati.

– Ha lo studio in quel palazzo.

– Ha lo studio al primo piano e io ero a metà della scale. Lui stava salendo.

– Ma questo che vuol dire! Conoscerà qualcuno che abita al piano di sopra.

Paludi chiuse gli occhi. Colpe su colpe.

– Il notaio aveva una spilla appuntata sulla camicia.

Anastasi mise a fuoco.

– Una spilla con tre iniziali.

L'ispettore disse solo "porca puttana".

Il commissario la vide davanti a lui. La spilla d'oro con le maglie di platino quel pomeriggio di novembre nella cantina di via Matteotti.

Non ci pensi nemmeno a entrare qua dentro. Stia fermo lì.

Aveva una spilla con tre lettere appuntata sul taschino.

Non ci verrei nemmeno pagato lì dentro, non si disturbi. Volevamo solo farvi notare che qui c'è un puzza incivile. Siamo un palazzo rispettabile

IHZ. Era tutto semplice. Dall'inizio. Ma loro avevano fatto come le scimmiette. Ma al rovescio. Quando una parlava loro non ascoltavano. Quando loro non sentivano qualcuno vedeva. Non erano riusciti a mettere insieme le tessere che già avevano in mano da tempo. Il commissario trovò la calma. Vide il mare di Genova oltre la diga foranea. A volte lo incontrava ancora nei sogni. Lo rassicurò. Guardò i colleghi.

– Andiamo dentro.

– Non abbiamo un'autorizzazione, commissario!

– In culo il permesso. C'è mio figlio a casa che mi aspetta per cena.

Onoranze funebri Abu Simbel, corso San Maurizio 45

Aspettarono l'ora di nessuno.

Entrarono in azione alle quattro e quarantacinque in punto, nella notte tra il quattro e il cinque gennaio. L'ora in cui tutti dormono, il cuore viaggia lento e il cervello è nel pozzo della malinconia.

Il momento in cui si è sotto le coperte, in pigiama, in mutande, nudi, a respirare l'aria tiepida delle stanze. Quella è l'ora in cui i criminali devono sapere che prima o poi incontreranno qualcuno che non gli vuole bene. Qualcuno che si fa il culo giorno e notte per guadagnare il pane. Di questo Paludi era convinto. E di questo viveva.

Non avevano un regolare decreto di perquisizione autorizzato da un GIP era vero, ma il commissario volle fare a modo suo, ed era necessaria una certa urgenza. Il sovrintendente Scianna e un altro agente entrarono dal retro nel magazzino forzando una serratura. Non scattò nessun allarme. Certa gente in genere non ha paura che qualcuno vada a rubare in casa sua. Si tennero in contatto con le radio VHF.

– Tutto a posto commissario. Siamo nel magazzino delle auto. Nessuno in vista. Iniziamo a cercare.

Paludi e l'ispettore Anastasi aspettavano fremendo come farfalle in un'auto a un paio di isolati dalla serranda della Abu Simbel. Il commissario rispose al microfono.

– Andateci piano e non fate rumore. Quanti carri?

– Qui ci sono cinque macchine. Ci sono dei tavoli contro i muri in cui sono allineate delle bare.

– Date un'occhiata.

Passarono alcuni secondi frammisti a scariche di energia statica.

– Niente. Vuote.

Paludi controllò la mappa che aveva dell'impresa di pompe funebri. Confinava con l'appartamento del padrone, Giacomo Mann. In fondo al garage c'era una scala che scendeva verso il basso.

– Scianna ci dev'essere un piano interrato.

– Dove?

– Verso Nord. Dovresti vedere le finestre che danno sul corso.

– Le vedo.

– In quella direzione.

– Individuata. Procediamo.

Passarono alcuni minuti in cui Paludi perse la frequenza. Passò il tempo a bestemmiare in ogni lingua del creato. Poi i tre poliziotti uscirono di nuovo nella via e li raggiunsero. Erano in una situazione di stallo.

– Che succede?

– C'è una porta blindata in fondo alle scale. È chiusa a chiave. L'altra porta che dal magazzino conduce all'interno degli uffici dell'impresa è sprangata e chiusa con una catena. Non ci sono vie d'accesso da quella parte.

Il commissario saltò fuori dal furgone.

– Mi sono rotto di aspettare. Creiamo un diversivo ed entriamo dalla porta principale.

Anastasi si cagò addosso. Vedeva la sua pensione appesa a un filo.

– Commissario, abbiamo fatto un tentativo. Aspettiamo una telefonata da parte del sostituto procuratore. Non possiamo sfondare la porta di un'impresa privata senza l'autorizzazione!

– Non le sto ordinando di venire.

Gli lanciò la radio vhf. Anastasi la prese al volo.

– Rimanga qui e ci faccia da spalla con il commissariato. Se abbiamo bisogno le faremo un fischio.

Poi rivolto ai due agenti di supporto.

– Voi due girate intorno all'isolato, fumatevi qualche sigaretta. Tenete gli occhi aperti. È meglio se entriamo solo in due. Scianna andiamo.

Il sovrintendente sorrise. La responsabilità che gli stava assegnando il commissario lo riempiva d'orgoglio.

I due tornarono sul retro, entrarono nel garage. Paludi avanzò fino alle scale e scese la rampa. Abbassò il capo per non pigliare testate.

– Come entriamo qua sotto commissario?

– Con la formula magica.

– Quale formula magica?

– L'unica che funziona. Non guardava Domenica In? Ero un fan del mago Silvan. Al tre dica abracadabra.

Il sovrintendente era sorpreso.

– Ma Silvan diceva *sim sala bim*...

– E vaffanculo anche Silvan, allora.

Il commissario estrasse la Beretta dalla fondina e sparò due colpi nella serratura. Fece un rumore infernale. Poi diede un calcio alla porta ed entrò di scatto. Un allarme iniziò furiosamente a suonare. Nella macchina all'esterno all'ispettore Anastasi per poco non partì un timpano, aveva messo al massimo il volume della radio per ascoltare.

– Cazzo. Chi ha sparato? Cosa cazzo...

Paludi entrò nel piano interrato. Delle deboli luci illuminavano la "stanza". L'odore li prese allo stomaco come un pugno.

– Commissario! Risponda perdio!

Scianna lo seguì. Puntò la torcia. Fece un giro a trecentosessanta gradi lungo le pareti dell'enorme stanza. La pistola gli tremava in mano, non riusciva a tenerla salda. La sirena gli stava spaccando le orecchie.

– Commissario!

Paludi prese la radio. Non riusciva a parlare.

Anastasi cercò di controllare il respiro, aveva preso a correre verso il garage in una mano la radio e nell'altra pistola in pugno. Si inciampò e finì faccia a terra nella neve. Aveva lasciato l'impronta di tutto il corpo sul selciato. Si rialzò e riprese a correre urlando nella radio.

– Cosa... cosa...

Scianna iniziò a singhiozzare. Paludi represse un conato di vomito si ficcò una mano sulla bocca.

– Commissario... commissario!

Anastasi aveva raggiunto i due all'inizio della scala seguito dai due agenti che erano appena arrivati dalla ronda. Erano tesi e pronti a scattare. Paludi li fermò con un gesto.

– Non muovetevi.

Scianna iniziò a vomitare. L'odore era insopportabile. Paludi poggiò entrambe le mani alla parete di fronte. Vacillava.

– È tutto...

– Cosa...

– Tutto...

– Cosa c'è lì sotto?

Giorgio Paludi, quarantotto anni il giorno dei Santi guardò la stanza. Poi guardò i colleghi in cima alle scale. Ripeté come un automa.

– Cosa?

– Cosa c'è lì sotto, commissario?

Onoranze funebri Abu Simbel, corso San Maurizio 45

Le uniche volte che ho fallito è stato nella vita.

Mi fa ridere pronunciare certe frasi. E in genere più sono vere più sono banali. Ma, detto fuori dai denti, mi diverte sentenziare.

La Abu Simbel, società a responsabilità limitata di cui sono socio di maggioranza, controlla diciannove agenzie di onoranze funebri sparse per il Nord Italia, undici solo a Torino. Senza considerare altre due aziende controllate che si occupano di servizi, fatturiamo quattro milioni e mezzo di euro all'anno. Verso allo stato quasi un milione di contributi. Faccio fruttare i cadaveri, do lavoro regolare a ottantotto persone. Certo, non è stato tutto facile. Ho dovuto farmi i contatti giusti nei maggiori ospedali. All'ufficio delle entrate. È fondamentale arrivare per primi sul letto di morte di qualche mal capitato. Può sembrare strano, ma appena muore una persona quasi mai i parenti sanno a chi rivolgersi. Eppure dovrebbero essere preparati, cosa c'è di più certo della morte nella vita? Allora alzano la testa e vedono noi. Vedono un mio rappresentante, vedono una nostra pubblicità, vedono un cartello per la strada. Noi siamo nei posti giusti al momento giusto. O sbagliato. Dipende dai punti di vista... Pago inserzioni sui maggiori quotidiani della città. Curiamo giardini e fioriere sui corsi per imbellettare il nostro nome. Siamo ovunque e risolviamo qualsiasi pratica legata alla morte. Sono stato uno dei primi a capire l'importanza di assumere stranieri ed extracomunitari. Nei momenti di maggior dolore la gente cerca qualcuno che parli la stessa lingua, abbia la stessa faccia, che li sappia comprendere e aiutare. Per me lavorano romeni, arabi, ucraini, brasiliani, nigeriani. Non faccio distinzioni. E ogni giorno, ogni minuto, non smetto mai di occuparmi di persona di qualche cliente. Il capo deve sempre dare l'esempio. Seguire le pratiche più complicate, quelle che richiedono permessi speciali, attenzioni maniacali. Vedete. L'altro giorno abbiamo accompagnato quest'uomo. Un macellaio algerino che aveva aperto una piccola bottega in Borgo Dora. Vendeva carne macellata secondo rito islamico, un'onesta attività portata avanti con solerzia per quasi quindici anni. Era arrivato a Torino negli anni Novanta dopo una tappa di qualche mese a fare la stagione nei latifondi in Puglia. Poi, giunto in Piemonte, si era fatto fare un prestito da un capo della comunità e aveva aperto l'attività. Ogni mese mandava rimesse a casa fino a che non è riuscito a far venire in Italia prima i due figli e infine, negli ultimi anni, la moglie e la figlia più piccola. Si era pagato i debiti, si era comprato un appartamento con il mutuo e lo stava pagando regolarmente. Però l'appartamento era ad un quinto piano senza ascensore, e un bel giorno sull'ultimo pianerottolo della vita, il suo cuore da macellaio ha smesso di battere. Un infarto e niente da fare. Adesso che era riuscito a ricongiungere nuovamente la propria famiglia. Adesso che i suoi figli stavano per rilevare completamente l'impresa e lui sarebbe potuto stare a casa con la moglie a pregare il corano e vivere la giornata in pace. Ma perché racconto queste storie? Ho sempre così tante cose da fare. E mi perdo nei dettagli. È che sono rimasto profondamente colpito da un cosa. Forse un particolare insignificante. Ma non me ne riesco a liberare.

Quando l'hanno portato qui i miei dipendenti, non conoscevo nulla della sua storia. Solo che andava seppellito. E che bisognava farlo in Italia, perché il suo paese ormai era diventato questo. Era già adagiato nella bara, una "Wojtyla", la copia esatta di quella con cui è stato seppellito il pontefice con uno stralcio litografato dell'enciclica *Veritatis splendor*. Per fortuna non era ancora sigillata. Gliela feci cambiare. Non era la prima volta che usavano una bara cristiana per un uomo di fede islamica. Poi, avvenuta l'operazione, me l'hanno lasciata su un tavolo di sosta in attesa del funerale, e mentre controllavo alcune pratiche ero infastidito da un rumore leggero e costante. Mi avvicinai alla cassa e la feci aprire. Il rumore proveniva da un piccolo orologio che aveva al polso. Un ticchettio costante. Lui era morto e quel piccolo orologio di plastica continuava a battere il tempo. Inutilmente. Gliel'ho sfilato dal polso e dopo aver aperto la cassa ho tolto la batteria. Poi glielo rimesso e l'ho fatto sigillare. Non volevo che potesse essere disturbato in quel viaggio. Quell'orologio gli aveva dato la sveglia forse per tutta la vita. L'aveva convinto che c'erano dei tempi preordinati per fare o non fare le cose. Ma non tempi biologici, non cicli delle stagioni. Non il giorno e la notte. L'inverno e l'estate. Non l'amore e l'odio. No. Ore di lavoro. Ore di straordinario. Orari di apertura. Ore degli appuntamenti. Arbitrarie determinazioni degli uomini scientificamente orchestrate per rovinarci la vita. Padroni e cacasotto. Adesso basta. Adesso avrebbe riposato. Non avrebbe mai più pensato di aver dormito troppo. Non avrebbe più pensato di non aver dedicato abbastanza tempo ai propri figli. Ma qual è quello giusto? C'è un tempo per le cose che non sia quello biologico che fa maturare i frutti? Un tempo diverso da quello che li fa marcire e cadere dagli alberi? Si cresce si matura e si invecchia, ma dov'è la divisione in parti di questo processo continuo e senza soluzione? Vedo ancora davanti agli occhi i primati che siamo stati, la preistoria che c'è dentro di noi. Qualcuno diceva che la vita è un male a cui il sonno dà sollievo per otto ore al giorno. Forse facciamo questo. Cerchiamo solo di abituarci a dormire. Cerchiamo solo di non svegliarci più.

Onoranze funebri Abu Simbel, corso San Maurizio 45, piano interrato

Nel seminterrato della Abu Simbel Srl trovarono due cadaveri ammassati uno sull'altro in un recinto. Erano nudi. Erano morti da poco. Al massimo un giorno. C'erano vestiti su degli appendiabiti. C'erano dei soldi in contanti in mazzette da venti allineati su un tavolo di alluminio. C'erano scatoloni di merce contraffatta. Un carico di videofonini probabilmente rubati. Non c'era un impianto di aerazione e l'olezzo era insopportabile. Era un laboratorio degli orrori. In uno scaffale trovarono dei faldoni pieni di documenti. Li controllarono. Passaporti mortuari, bolle di trasporto, documenti d'identità di ogni nazionalità. Permessi di soggiorno e certificati di assunzione presso varie società di lavoratori.

Sotto l'impresa di pompe funebri c'era una fabbrica delle identità. Un riciclaggio di morti senza nome per gente che aveva bisogno di una nuova vita. Un sistema organizzato di trasporti che all'occorrenza poteva fornire qualsiasi servizio. Come in ogni sistema che si rispetti c'era bisogno anche degli schiavi. In fondo alla stanza c'erano due uomini che vivevano lì da mesi, espletando le loro necessità corporali direttamente in una turca che si apriva nel cemento. Forse li tenevano per utilizzarli all'occorrenza. Due ragazzi alla pari dell'inferno. Probabilmente dei clandestini comprati tanto al chilo. Nessuno parlava. Il tempo era inchiodato in un angolo e differiva dalle normali consuetudini. Fuori, nel mondo, c'era gente che andava a teatro, si accalcava negli outlet per la settimana dei saldi e faceva la fila per comprare un biglietto per la prima di *Avatar*, il nuovo film in 3D di James Cameron che avrebbe cambiato la storia del cinema.

Paludi provò ad avvicinarsi. I due uomini si ritrassero automaticamente contro la parete di fondo con le mani alzate. Avevano paura. Erano sporchi e affamati. E loro non erano in divisa. Non riuscivano a capire chi fossero. Dissero qualche parola. Non era italiano. Sembrava slavo. Russo, forse albanese. In fondo alla stanza c'era un montacarichi. Era l'unico collegamento con l'appartamento e il piano terra dell'impresa di pompe funebri. Paludi fece un cenno ai colleghi. Non rimaneva che fare quello. Prendere l'ascensore per l'inferno. Due agenti rimasero nel seminterrato a fare la guardia agli uomini e chiamare rinforzi dal commissariato. Anastasi e Scianna salirono con lui sull'ascensore. C'erano solo due tasti. A e B. Paludi pigiò il primo. La spia di occupato si accese e uno strattone metallico annunciò la chiusura della porta. Stavano salendo. Paludi pregò per il mondo. Cercò di farlo fermare in quell'istante. Ma non successe nulla. Il montacarichi arrivò stupidamente a destinazione. Non gli restava ormai che parlare con il diavolo.

Sbucarono in un grande spazio aperto. Il tetto era formato da una grande vetrata. Era una serra. Una serra di piante grasse invisibile dalla strada. Sopra di loro il cielo era diventato sereno. Le stelle coprivano ogni angolo del tetto a vetri come un tappeto. Ogni pianta aveva un nome di donna. Ecco con chi parlava il pazzo. Con una platea di piante grasse.

I poliziotti si divisero e iniziarono a perlustrare ogni stanza. Una piccola cucina, una sala da tè, una camera da letto con un letto singolo. Su una mensola c'erano delle confezioni di lidocaina in gel. Un anestetico utilizzato per l'inserimento dei cateteri nell'uretra e per tagliare la cocaina. Entrarono nella reception e da lì in un piccolo spogliatoio con una rassegna di armadietti. Ma niente. Non trovarono nessuno.

Alla fine sentirono il ronzio della carrozzella elettrica. Si voltarono tutti e tre insieme. Era alla loro destra. Proveniva dal bagno. I tre spianarono le pistole e attesero. Attesero. La porta, automatica anch'essa, si aprì con un leggero ronzio.

Un uomo in pigiama spuntò seduto su di una carrozzella elettrica. Aveva uno stativo che reggeva una flebo e una mascherina sulla faccia. Avanzò fino al centro della stanza e si fermò. Tossì e si fregò la mano sulla testa. Aveva delle mani insolitamente grandi per un uomo della sua stazza. La sua testa, al confronto, sembrava una pallina da tennis. Il commissario Paludi lo guardò. L'uomo tossì un paio di volte: poi disse solo:

– Scusate mi stavo lavando i denti.

Centro Traumatologico Ortopedico, via Zuretti 29

Miriam riprese conoscenza dopo quattordici ore. Era completamente intontita, non riusciva ad articolare nessun movimento. Sentiva un lato della faccia ardere come se fosse poggiato su una stufa.

Calmati Miriam. È tutto ok. Si disse. Forse stai solo morendo. Urlò con tutta la forza. Accorse l'infermiera e le accarezzò la fronte.

– Stia calma signora.

Non era sveglia, stava solo sognando. Miriam inghiottì della saliva, aveva la gola secca come un tubo di sabbia. L'infermiera capì e le porse un bicchiere d'acqua dopo averle tolto la mascherina.

– Adesso potrà starne senza per un po'.

Miriam bevve avidamente. Finì il bicchiere e ne chiese ancora.

– Su calma. Beva con calma.

Finì anche il secondo sbrodolandosi.

– Nicole.

– Sua figlia sta bene.

– Cosa... cosa è successo?

– Lei ha avuto un incidente.

Ora ricordava. Le era caduto il cellulare in mezzo ai piedi... aveva tentato di prenderlo e... si era spaventata, ma non c'era nessuno che arrivava da quella strada. Le macchine erano ferme al semaforo, ma... ma doveva esserne arrivata una, qualcosa, dalla direzione opposta... era tutto così confuso...

– Ero da sola.

Entrò un medico.

– Sì signora. Era da sola e le è andata piuttosto bene. È in grado di capirmi?

– Sì.

– Ha avuto una commozione cerebrale. Ma ormai è tutto sotto controllo.

Miriam solo allora si rese conto della mano sinistra. Era fasciata e steccata.

– Non si preoccupi per quello. È solo un dito rotto.

– La macchina?

– Da buttare signora.

Sei rate. Solo sei rate da pagare.

– È colpa... colpa mia?

– Purtroppo pare sia passata con il rosso. Ma non si agiti adesso. Un paio di giorni e starà benissimo.

– Il lavoro?

– Stia tranquilla. Vede quei fiori?

Miriam si voltò. C'era un mazzo di rose in una mezza bottiglia di plastica.

– Non avevamo un vaso e glieli abbiamo messi lì. Glieli ha mandati il direttore dell'ufficio per cui lavora con gli auguri di pronta guarigione. C'è un biglietto. Lo vuole leggere?

– No grazie. Mia figlia?

– Sta bene. È di fuori con la sua amica Valeria. È venuta anche ieri. Non volevamo farla entrare fino a che non avesse preso conoscenza, per non spaventarla.

Miriam annuì.

– Vuole che la chiamiamo?

– Sì dottore. Grazie.

Il dottore si voltò. Poi si fermò e ristette.

– Ascolti Miriam. Vorrei farle prima una domanda.

– Mi dica.

– Nella sua borsa abbiamo trovato la lettera di uno studio medico di Chambery e una cartina stradale...

Pregnant 2-3... La prego di leggere attentamente le seguenti informazioni: l'aborto con il Myfegine non comporta rischi particolari. Per ottenere i medicamenti, deve presentarsi direttamente nel mio studio qui a...

Adesso ricordava. Ricordava tutto.

– Lei è incinta Miriam. Cosa vuole fare con il bambino signora?

– Come ha detto?

– Vorrei capire quale sono le sue intenzioni, Miriam. Lo vuole tenere il bambino?

Via Verdi numero 31, commissariato di polizia. Piano primo

Lo portarono in commissariato senza riguardi e lo lasciarono in una cella di attesa fino al mattino. Seduto sul suo scranno, in un angolo come un sacco.

Giorgio Paludi lo convocò dopo essersi andato a fare una siesta sul divano di casa. Gli lesse una serie enciclopedica di capi d'imputazione. L'uomo sembrava non ascoltarlo.

– Sono stanco. Stanco e malato.

– Signor Mann, la sua recita è finita.

– Lei si sbaglia. Non sono mai stato un buon attore.

– No. Ma credo sia stato un buon assassino.

L'uomo sulla sedia a rotelle iniziò a ridere, poi tossì, poi rise ancora.

– Mi ha visto bene?

– Mi è bastato guardare cosa teneva nascosto sotto casa.

– E cos'ha trovato? Dei cadaveri in un'impresa di onoranze funebri? Originale.

– E documenti di persone morte che dovevano essere distrutti, e clandestini, e materiale trafugato da un negozio di via Baretti, e...

L'uomo riniziò a tossire.

– Mi perdoni. Ho la tosse nervosa commissario.

– Si faccia curare.

– Fa presto a dirlo lei. Ci ho provato. Sono andato dai migliori specialisti. Sono stato a Milano, a Bologna e da un ciarlatano di Kansas City quando abitavo ancora negli Stati Uniti; voleva curarmi con i fiori di Bach.

Mann la stava prendendo per le lunghe. Paludi gli diede un passaggio.

– Come andò?

– Niente, l'unico modo efficace che avevo trovato era farmi fare dei pompini.

Evidentemente aveva di fronte un pazzo. Uno che viveva trafficando con i morti non poteva che finire così.

– Ma poi le ritornava la tosse quando finiva?

– Sì, mi tornava. Ma ero molto più rilassato. Adesso, adesso invece...

Allargò le braccia a indicare la sua condizione di paralitico.

– Adesso?

– Adesso cago in dei sacchetti di plastica.

Alzò la protezione della sedia elettrica e glielo fece vedere. Un sacchetto monouso con valvola antireflusso

– Ultimo modello! Signor Mann, mi sto rompendo le palle.

– Cosa vuole sapere?

– Chi è lei?

– Cosa vuole che cambi chi sono io... le interessa sapere se io sono io oppure altrimenti... Che differenza fa se sono morto o se sono la stessa persona? C'è comunque qualcuno di fronte a lei che le parla. Il genere umano va avanti. Servono persone che ricoprano dei ruoli. L'individualità ce la siamo costruita tanto per farci una sega mentale. Poi ci sono le guerre, i terremoti, e gli individui soccombono. Al mondo non importa dei nomi. Io faccio vivere i morti, do nuova vita a un progetto scaduto che sarebbe servito al massimo a inflazionare i cimiteri. Solo alle autorità interessano le identità. Perché vogliono spartirsi le tasse.

– Stia zitto.

– Come ha detto?

– Ho detto di chiudere quel cesso di bocca. Si tenga la filosofia per quando dovrà parlare con il suo avvocato.

L'uomo continuava a muovere le mani avanti e indietro. Guardava fuori dalla finestra e ogni tanto tossiva.

– Signor Mann, cerchiamo di non divagare. Le sto parlando di adesso. Le sto chiedendo conto di almeno tre omicidi e di una serie imprecisata di reati contro la persona. Occultamento di cadavere, scambio di persona... devo andare avanti?

– Commissario, commissario. È sicuro di volere una risposta? Sono stanco, sono malato.

– Questo l'ha già detto.

L'uomo strinse le nocche della mani le une contro le altre in un gesto paradossalmente virile.

– Visto che lo vuole tanto sapere glielo dirò.

L'uomo si tolse gli occhiali.

– Io non mi chiamo Giacomo Mann.

Paludi lo fissò.

Aveva i bulbi piccoli e infossati. L'iride azzurra screziata da piccoli capillari rotti. Non vedeva la luce del sole da troppi anni. Quell'individuo viveva nascosto nella sua piramide circondato da un impianto funereo. Come un faraone. Le onoranze funebri Abu Simbel erano la sua tomba e il suo monumento. Lì stava ricostruendo un microcosmo a sua immagine e somiglianza. Gli ricordò una vecchia attrice in una vecchia casa in un vecchio film. Poi lo guardò meglio.

L'ispettore Anastasi entrò in quel momento con il caffè. Paludi era diventato bianco come un cencio.

In un lampo vide le foto che avevano affisso sulla bacheca in corridoio. Le immagini che vedeva ogni giorno del mondo da quando lavorava in quell'ufficio. Quelle che ci sono in ogni stazione di polizia del creato.

L'uomo parlò con estrema calma dopo aver valutato tutti gli effetti di quello che avrebbe detto.

Anastasi posò la tazzina sulla scrivania. Stava per scoppiare una bomba.

– Commissario. Voglio collaborare con la giustizia.

Giorgio Paludi si alzò in piedi automaticamente.

– Sante Sircana.

– Sono io.

Casa circondariale Lorusso e Cutugno, carcere delle Vallette

Il lavandino continuava a gocciolare. Non aveva mai smesso. Undici anni. Goccia su goccia. La ceramica era sbreccata.

Giorno su giorno. Undici anni che stava in quella stanza. Chiuso tra quelle quattro mura.

V. si girò sul fianco e il letto cigolò debolmente, dalla cella a fianco Lo Sceicco tossiva. Fumava 40 sigarette al giorno, e il soprannome non c'entrava niente con una presunta nobiltà. Solo i suoi polmoni erano pieni di catrame. Alla fine V. si risolse a mettersi a sedere sul letto. Dalle sbarre in alto filtrava la prima luce del mattino. Gli venne in mente una frase di suo nonno Dante. Diceva sempre "il mattino ha l'oro in bocca". Ma non l'aveva mai capita. E nemmeno allora, il giorno che dopo undici anni sarebbe stato fuori da quel cesso, ne approfittò per metterla da parte quella frase.

Ricordi. Ne aveva.

Analinda seduta in un angolo di quel bar sulla statale. Fuori l'insegna della Esso era spenta e quella della tavola calda era appoggiata sull'asfalto come un cartello da rimuovere. Analinda bagnata dalla pioggia, fradicia di gocce. Il suo seno diviso dalla cinghia della borsa a tracolla. Aveva i brividi e tentava di asciugare una giacca di jeans su un termosifone di ghisa. Intanto canticchiava una canzone con gli occhi semichiusi, un tango, o forse un fado che andava in discesa. "*En el mundo habrá un lugar para cada despertar. un jardín de pan y de poesía*".

La prima volta che la vide.

Analinda *alma de puta*. Era lì davanti a lui, presente come un peso ancora adesso, non se n'era mai più andata dalla sua vita. Quel giorno aveva avuto un'improvvisa voglia di portarla via, di salvarla per sempre. Banalmente come dicono nelle canzoni. Di sollevarla tutte le volte che sarebbe caduta.

V. chiuse gli occhi.

Analinda gli apparve come un lampo. Gli venne nausea e da ridere. Si alzò d'istinto e menò un paio di passi.

In prigione il presente non esiste, si pensa al passato e si pensa al futuro. Ma nemmeno tanto, perché stagione dopo stagione viene quasi paura a pensare che possa ancora esistere il mondò, là di fuori.

V. non aveva chiuso occhio. Ripensava alla sua vita come un film avvolto su una bobina. Una bobina su una vecchia moviola a mano. Pensava solo agli ultimi sei mesi prima che lo arrestassero. La sua vita con Ana. Le sue notti folli e isteriche. Tutto l'amore che l'aveva travolto. E la fine di tutto quando, quel giorno, aveva portato Sonny in un boschetto della Mandria per ammazzarlo. Ma la vendetta gli aveva offuscato la mente. Voleva fargli soffrire le pene dell'inferno. Doveva pagare per tutto lo schifo di cui era riuscito a macchiarsi. E per quello l'aveva abbandonato agonizzante. Convinto di punirlo una volta di più per la sua arroganza. Per la cattiveria sorda che aveva partorito. Ma non avrebbe dovuto farlo. Avrebbe dovuto sparare un altro proiettile; assicurarsi della sua morte. Non si era comportato da professionista. Era accecato dall'odio. E aveva sbagliato ancora. Due guardie forestali di pattuglia l'avevano visto uscire dalla radura a gran velocità. Non si dimentica una Ford Capri blu seconda serie. Avevano trovato il corpo di Sircana e l'avevano salvato. Certi stronzi sono pateticamente fortunati.

E a lui invece l'avevano trovato quattro mesi dopo a Barcellona, strafatto di coca e whisky. Non si era nemmeno reso conto che lo stessero estradando senza nessuna procedura. Pensava ai baci che si erano dati al Borgo medioevale con Ana la notte di dicembre del novantanove quando iniziò improvvisamente a nevicare, la notte che lei gli aveva fatto il nome di Sonny. Gli sbirri, i suoi colleghi di una volta lo picchiavano e lui sognava Analinda a occhi chiusi. L'aveva continuato a fare ogni giorno.

Era finito così. Arrestato e condannato per tentato omicidio. Tentato omicidio di Sante Sircana, un uomo che avrebbe subito dei processi per la sua collusione con la criminalità organizzata. Poi, durante un'udienza del processo di primo grado, Sircana era riuscito a eludere la sorveglianza della polizia con l'aiuto di un paio di complici e si era volatilizzato nel nulla. Adesso alcuni dicevano che Sonny dirigesse sotto falso nome una ditta di onoranze funebri seduto sulla sua carrozzina elettrica. Così trasmetteva *radio Vallette*. Non aveva smesso di fare lo stronzo in giro.

V. Spense ancora un attimo la luce.

Il soffitto era completamente scrostato della pittura e l'intonaco chiazzato di umidità per tutta la cella. In genere i detenuti riempivano le pareti di amenità e disegni, lui no. Lui non aveva mai scritto nemmeno una riga. E nemmeno una lettera su un foglio. Aveva tenuto tutto dentro come in un sepolcro, le sue parole erano mute davanti alla vita, nessuno si meritava di sapere quello che lui conservava. Nessuno, tranne lei. Undici anni per tentato omicidio. Scontati uno per uno. Ma adesso era finita. Quel giorno sarebbe tornato alla luce. Quel giorno avrebbe chiuso un cerchio e in un modo o nell'altro ne sarebbe uscito.

Il secondino bussò alla porta. Lo chiamò per nome, la serratura se ne venne con uno schiocco. Alla fine, pensò, poco importa se nella vita non facciamo altro che girare in tondo e tracciare dei cerchi, senza andare mai da nessuna parte. Non gli interessava più.

Guardò in faccia il secondino. Era uno nuovo. Aveva i capelli unti e il raffreddore. Bel lavoro di merda che si era scelto. Entrò una folata di aria ghiacciata. Glielo disse.

– Il problema non è che giriamo solo in tondo. Il problema è che i cerchi sono saldati uno all'altro.

– Che cazzo dici Corona? Levati dalle palle e in fretta.

– Dico che non sono cerchi amico. Dico che sono catene.

Poi passò la soglia e non ci pensò più. Né al lavandino che gocciolava. Né ai capelli unti della guardia penitenziaria. Pensò solo che di fuori faceva un freddo cane e lui non aveva una giacca.

Pensò che a lui l'avevano arrestato di maggio.

Via Verdi numero 31, commissariato di polizia. Secondo piano

Paludi fece chiudere il suo ufficio a chiave. Rimase da solo con Sonny Schiaccianoci. La notizia si sparse di bocca in bocca. Prima di uscire l'ispettore aveva provato a intervenire.

– Commissario, forse dovremmo chiamare il questore.

– Sì perché no, magari anche il giudice che non ci ha firmato la richiesta di perquisizione per la casa di un latitante. Sarei curioso di saperne il motivo ora. Stia calmo e mi lasci un'ora. Poi lo farò io stesso.

E così dicendo chiuse la porta. Sante Sircana guardava dalla finestra riparandosi gli occhi con la mano.

– C'è una bella vista qui.

La Mole e la collina si perdevano sullo sfondo.

– Sircana, le ricordo che ai termini della legge sulla collaborazione di giustizia lei avrà un massimo di sei mesi per dire tutto quello che sa. Il termine decorre dal momento in cui lei ha dichiarato la sua disponibilità a collaborare. Cioè da ora. Lei non accederà subito ai benefici di legge, ma solo dopo che le sue dichiarazioni verranno valutate come importanti e inedite. La legge prescrive che in ogni caso il pentito debba scontare almeno un quarto della pena a cui verrà condannato. Altresì la sua protezione durerà fino al cessato pericolo, a prescindere dalla fase in cui si trovi il processo.

Paludi abbassò gli occhi sull'uomo. Provava la tentazione di colpirlo. Nonostante la sua condizione di disabile era responsabile di troppe porcherie.

– Voglio sapere se ha inteso tutto quanto.

– Perfettamente.

Giorgio Paludi si abbandonò contro lo schienale della poltrona. Fece partire il registratore a nastro.

– Allora parli e la faccia finita.

– Mi chiamo Sante Sircana, ho cinquantanove anni. Sono nato a Gioia Tauro il dieci settembre del cinquantuno. Ho vissuto quarant'anni di faide, omicidi e affari. Non ho mai parlato con nessuno di tutto quello che dirò d'ora in avanti.

– Prosegua.

– Dal paese sono salito a Torino a quindici anni per fare il muratore, con mio zio. Portavo i soldi a mia madre, cuciti nei pantaloni perché in treno non me li rubassero. A diciannove anni ho ospitato Giuseppe Lemuri, un amico di mio padre. Sapevo che trasportava arance. Una sera mi lasciò una busta sul tavolo: "Per il disturbo". Era un milione e due. Ho nascosto la coca sotto il letto. Quel giorno ho capito come vivere bene.

– E come si fa a vivere bene?

– Andavo al paese. Mettevo la droga nelle ruote, due viaggi alla settimana. A Torino nel '92 facevo fuori 2 chili ogni tre giorni. La compravo a 30 al grammo, la vendevo a 120-140. La tagliavo con il Milupa, quello dei bambini. O con la Magnesia Sanpellegrino. Mettevo la mascherina perché sono schizzinoso. Mai usato droga in vita mia.

– Quanto guadagnava?

– Anche cento milioni al mese.

Era venuto il momento.

– Sircana, lei fa parte di un'organizzazione criminale?

Sante Sircana, alias Sonny Schiaccianoci, guardò verso il muro. Non lo fissava più in volto. Iniziò a parlare con tono monocorde. Era fatta.

– La 'ndrangheta è una sola commissario, dalla Calabria alla Lombardia, dalla Germania al Canada, in ogni paese dove ci sia stata immigrazione calabrese, e gode di ottima salute. Alcune imprese lavorano al Nord da decenni, indisturbate, come la mia fino ad oggi.

– Come ricicla la 'ndrangheta a Torino?

– Appalti e subappalti, costruendo e comprando immobili. Poi imprese di ogni sorta. Pensi alla mia impresa di onoranze funebri. Una piccola 'ndrina a tutti gli effetti. Gli 'ndranghetisti di oggi hanno tutti delle imprese. Con i soldi del narcotraffico, dei videopoker e delle attività illecite paghi puntuale i dipendenti, compri macchinari e materiali. Poi aspetti i bonifici delle aziende appaltatrici. Ci sono imprese dell'ndrangheta che lavorano a Torino da quarant'anni. E nessuno le ha mai toccate.

– Lei ha mai costruito a Torino?

Sircana azionò la carrozzella elettrica, si avvicinò alla finestra, indicò verso Nord. Poi tornò alla scrivania

– Il palazzo dopo il cavalcavia di via Mazzarello. Tutta la nuova zona a fianco del Palazzo Lancia. Ho preso il lavoro in subappalto nel duemila e tre tramite un'azienda collegata alla Abu Simbel. Abbiamo costruito lo scheletro di 208 alloggi. Vorrei farle capire con cosa avete a che fare commissario. Quanto riesce a portarsi a casa lei in un mese?

– Millesettecentocinquanta netti, senza indennità di rischio e anzianità.

– Solo io, nel giro di cinque anni, sono riuscito a riciclare venti milioni di euro. Fossi in lei cambierei mestiere.

– Lei è su una sedia a rotelle. Il suo mestiere non porta fortuna. Quanta 'ndrangheta c'è nel torinese?

– Tantissima, ma non si vede. È l'organizzazione più potente perché riesce davvero ad essere segreta. Ogni zona della città è coperta da un locale. Funziona così. Un nucleo formato da minimo cinque persone. Mi dia un foglio le faccio vedere.

Sopra scrisse: picciotto, capo giovane, contabile, mastro di giornata e capo società. Li collegò con alcune frecce spiegandogliene le interdipendenze.

– Quali sono le sue zone?

– In provincia. Grugliasco, Pinerolo, Piossasco e parte del Canavese. In città Vanchiglia, San Salvario e Porta Palazzo. Il mondo sta cambiando commissario.

– Cosa sta cambiando?

– C'è stato un grande salto. Fin verso la fine degli anni Ottanta avevamo la mente corta: spaccio, gioco d'azzardo, rapimenti.

Fece quell'elenco come se parlasse della lista della spesa.

– Poi cosa è successo Sircana?

– Pasqualino Mirabile e altri soggetti criminali che ancora non sono venuti fuori hanno alzato il livello. Sono riusciti ad aggrapparsi a persone fuori dal giro mafioso. Lui aveva molti soldi per farsi conoscere. A Torino comprava alloggi e ville, ha agganciato le teste di legno, commercialisti e avvocati di alto livello. È lui che ha fatto fare il salto.

– Inizi a farmi dei nomi. Per ora è solo una brutta storia del cazzo.

– L'ex consulente del lavoro e direttore dell'ASL numero uno, Erminio Caponi assassinato dall'onorata società il due di gennaio. Era un cassiere dell'ndrangheta a Torino. Ripuliva i soldi. Posso darvi ampia mappatura della contabilità. Ha fatto molti affari con me, anche alla Abu Simbel. Ho la tracciabilità di un suo conto monegasco. Ma io con questa storia non c'entro niente.

– Di questo ne renderà conto in tribunale. Andiamo avanti.

– Cosa vuole sapere?

– Il notaio Terminati.

– Il notaio è fuori dal giro vero. Lavorava per me. Trovava delle soluzioni a dei problemi. È una testa di legno. Facevamo affari. Non era un criminale in senso stretto. Non è al corrente delle cose importanti.

– Cosa significa la spilla che porta sulla camicia?

– È un regalo che faccio alle persone che godono della mia fiducia. Un simbolo che li collega alla mia azienda. Sono obbligati a portarlo, è una responsabilità. Non possono fare cazzate. E se succede qualcosa a me, ci vanno di mezzo anche loro.

– Cos'è successo in quella cantina?

– A questa domanda non voglio rispondere in questo momento.

– Va bene. Andiamo avanti. Contatti con la politica?

– Molti hanno fatto carriera con i voti dell'onorata società. In Calabria e anche qui in Piemonte.

– Come si aggancia il politico?

– Il politico ha bisogno di voti, l'ndrangheta di lavorare in pace. I capi indicano chi dobbiamo portare avanti perché ci fa prendere appalti, o magari ci fa diventare un terreno edificabile. È tutto molto semplice. Ha presente il duomo di gomma che han tirato in testa al presidente del consiglio? Non era quello che avrebbero dovuto lanciargli, ma un manuale di gara per gli appalti. Anche il premier ha iniziato così. Case, quartieri, strade. Sono sempre il primo amore. E sempre di fare politica si tratta.

– Quali sono gli strumenti che usa la sua associazione criminale per approcciare con la gente?

– È come con la *fissa* dottore. La fica. È un corteggiamento continuo, si fanno regali, ci sono le donne, ci sono i soldi. A nessuno fanno schifo queste cose.

– Nel torinese professionisti e politici di che livello? Mi faccia dei nomi.

– Lei capisce che non posso risponderle in questa fase. Ne parlerò a tempo dovuto con il magistrato.

Sircana aveva ragione, aveva fatto il passo più lungo del dovuto. Era una richiesta che non si poteva sostenere prima di un regolare inquadramento all'interno delle procedure di protezione.

– Quante persone ha ucciso?

Sircana sbuffò. Si massaggiò la testa.

– Lei non mi crederà, ma io non ho mai ucciso nessuno commissario. Mai. Traffico coi morti, questo sì. Ma non ho mai ammazzato nessuno.

– Facciamo finta che io le creda, allora mi dica almeno quante volte l'ha messo in conto.

– Di uccidere?

Paludi annuì.

– Per me era una gioia. Solo l'idea mi faceva sentire importante. Tante volte ho puntato la pistola alla testa di personaggi poco corretti.

– Correggo la mia domanda.

Paludi aprì la finestra e accese una sigaretta senza offrirne al suo interlocutore; del resto tossiva già abbastanza.

– Prima di rispondermi tenga in considerazione che sulla base di queste cose un giudice per le indagini preliminari dovrà decidere se accettare o meno la sua richiesta di collaborazione. Lei è mai stato mandante di un omicidio?

– Sì. Una sola volta commissario. Ma per quello ho già pagato.

Indicò la sedia su cui stava.

– È per questo motivo che sono finito qua sopra. È stato per colpa di una storia d'amore.

– Come ha detto?

– Ha capito perfettamente. Sono paralizzato per colpa di una storia di fica. Ho dei morti sulla coscienza per quello. Vivo all'inferno per quello. Vede... L'amore è qualcosa che non viene considerato dalla criminalità. È come la dedizione di alcuni magistrati e alcuni esponenti delle forze dell'ordine che porta a vivere e lavorare giorno e notte senza un tornaconto. Distruggendo famiglie e con stipendi da fame. È l'unico limite contro cui si scontrano le mafie di tutto il mondo. Alcuni uomini sono capaci di slanci stupidi e banali; eccezionalmente morali. Per questo commissario avete ancora qualche speranza. Forse per questo ho deciso di collaborare.

– Chi voleva far ammazzare?

– Ha mai sentito parlare di Valentino Corona?

Gruppo torinese trasporti, linea di superficie 72

V. uscì dalla casa circondariale Lorusso e Cutugno senza voltarsi.

Si lasciò dietro alle spalle il padiglione A e il progetto trattamentale a cui era stato affidato negli ultimi undici anni. Il direttore lo chiamava con enfasi "Prometeo". L'eroe greco che aveva chiuso tutti i mali che potessero tormentare l'uomo all'interno di un vaso: la fatica, la malattia, la vecchiaia, la pazzia, la passione e la morte. Ma il vaso finì nelle mani di Pandora, una donna bella e stupida che lo aprì senza riguardo. Essi uscirono immediatamente spargendosi tra gli uomini; solo la speranza, rimasta nel vaso tardivamente richiuso, da quel giorno sostenne gli uomini anche nei momenti di maggior scoramento.

In realtà il progetto della Vallette era un qualsiasi pasticcio all'italiana delle carceri. Una struttura che poteva contenere circa mille detenuti, ne ospitava oltre milleduecento in condizioni igieniche precarie e non poteva sostenere seriamente nessun intento riabilitativo se non quello di esonerare i detenuti dalla società civile per evitare che compissero altri crimini.

Arrivò al capolinea del settantadue barrato in via delle Primule. Salì sul bus una mattina umida e fredda. C'erano solo l'autista e un paio di donne albanesi. Poi fermata dopo fermata la corriera si riempì di lavoratori che andavano verso il centro. Quando transitarono di fronte alle acciaierie speciali Terni non c'erano più posti a sedere. I capannoni della ThyssenKrupp, la vecchia azienda che produceva cannoni e panzer per il Terzo Reich, si perdevano a vista d'occhio. Una delle donne quando vide la porta d'ingresso si fece il segno della croce. C'erano dei fiori contro le imposte. L'azienda due anni prima era stata teatro di un grave incidente di lavoro in cui erano perite successivamente sette persone. Erano state accertate palesi e gravi violazioni degli standard di sicurezza. Adesso con il disegno di legge sul processo breve, un testo *ad personam* cucito addosso alle esigenze del presidente del consiglio, c'era il rischio che la giustizia civile non fosse adeguatamente tutelata, e con lei, tutte le vittime di quel caso.

Di tutte queste cose andava tergiversando Valentino Corona. Pensava alla politica e alla società, questioni di cui prima di entrare in carcere non si era mai preoccupato, al fresco aveva avuto il tempo di farsi una cultura, di leggere e informarsi. E aveva capito che il tempo che ci viene concesso non è così poco, è solo che ne sprechiamo troppo correndo dietro a esperienze futili. Aveva letto i quotidiani tutti i giorni, aveva studiato e capito come si governavano le notizie e in quale modo si manipolava l'informazione. Si era appassionato alla narrativa, aveva letto e riletto tutto quanto aveva trovato nella piccola biblioteca del carcere. Sapeva a memoria interi passi del *Milione* e *Le città invisibili* di Calvino. Adorava quella mistura di esotismo e veggenza linguistica. Un gioco di specchi e rimandi tra due testi lontani settecento anni, ma con lo stesso protagonista, Marco Polo, un mercante veneziano di fronte all'esperienza mistica del viaggio. Una frase in particolare gli era rimasta impressa. Diceva: "La menzogna non è nel discorso, è nelle cose". E a lui le cose erano sfuggite di mano da troppo tempo.

Passarono davanti al parco della Pellerina con la sua gru d'acciaio. Un parco in cui d'estate per un mese i torinesi andavano ai concerti e per tutto l'anno ci tornavano a puttane.

Scese a fine corsa in piazza Statuto. Notò che avevano chiuso un paio di locali e che c'era sempre il caratteristico capannello di teenager di fronte al McDonald's. Camminò fino alla fermata della metropolitana in piazza XVIII Dicembre di fronte alla stazione di Porta Susa. Scese sotto terra solo per la voglia di prenderla. Era la prima volta che ci saliva. Finalmente a Torino si erano adeguati ai tempi e avevano fatto una metropolitana con soli 143 anni di ritardo rispetto a quella di Londra.

Andò fino al capolinea, nell'altra stazione dei treni cittadina. Davanti alla stazione in piazza Carlo Felice nulla era cambiato. Nei giardini Sanbuy c'erano sempre i soliti ragazzini rumeni che facevano la vita. V. fermò un taxi e saltò in vettura.

– Dove andiamo signore?

– A Superga.

L'autista lo guardò attraverso lo specchietto retrovisore.

– Con questo tempo?

V. lo fissò senza rispondere.

– Come vuole lei.

Il taxi percorse il viale, all'incrocio un tram attraversò la strada in direzione del centro. Il taxi rallentò. C'erano dei segni per terra, delle fioriere rotte. Doveva esserci stato un'incidente poco prima.

Dopo alcuni minuti transitarono sul lungo Po e lo attraversarono nei pressi del ponte Regina Margherita. Arrivarono in zona Sassi dopo alcuni minuti e svoltarono all'incrocio della stazione della cremagliera. I vagoni della dentera stavano pigramente tornando in alloggio. Desolatamente vuoti. In una giornata come quella, i turisti non facevano la coda per andare a vedere il panorama. S'inerpicarono per la collina facendo il giro lungo per la strada del traforo di Pino. La via breve non era stata sgomberata dagli spazzaneve e non era quindi percorribile, gli spiegò l'autista. O forse il tassista era solo un patetico stronzo che tentava di allungargli il percorso per farsi la cresta.

Arrivarono sul piazzale della basilica dopo venti minuti. Lo trovarono chiuso da una catena e il tassista si fermò a ridosso. Non poteva proseguire oltre. V. lo pagò e lo mandò via.

Rimase da solo sul colle che dominava la pianura. Iniziò a camminare nella neve fino a raggiungere il parapetto che divideva la collina di Superga da Torino.

La città splendeva. Si perdeva allo sguardo. Dai capannoni della Iveco verso nord proseguiva ininterrotta tra canyon di palazzi fino al castello di Moncalieri dalla parte opposta e più giù ancora lungo le valli.

Alle sue spalle sorgeva la chiesa dei savoia. Guardava fiera in Francia, con le sue tombe reali e la sala dei papi.

Una leggera brezza spuntò.

V. prese un lungo respiro. Guardò la sua città. Quella che aveva amato e odiato senza sosta lungo tutta la vita. Era immobile e incoronata dalle Alpi come una regina. E lui, lui aveva soldi a palate. Non doveva rendere conto di niente a nessuno.

Era l'imperatore di Torino.

V. chiuse gli occhi. Il mondo era triste. Il mondo era uno schifo.

Valentino Corona si infilò la pistola in bocca.

Via Verdi numero 31, commissariato di polizia. Secondo piano

Il commissario Paludi si informò.

Valentino Corona era stato un poliziotto di strada. Uomo tutto d'un pezzo, dai metodi spicci e bruschi. Era allergico alla subordinazione e aveva subito numerosi richiami disciplinari. Prediligeva lavorare da solo, senza filtro né controlli, ma sembrava estremamente efficiente. Distaccato al commissariato di Borgo Po, negli anni del suo servizio la zona era divenuta una tra quelle con meno reati di tutta l'area metropolitana. V. Era una leggenda nella polizia di Torino. Una leggenda piena di ombre. Poi si scoprì il perché.

– Il cattivo tenente. Certo. Tutti ne hanno sentito parlare.

Anastasi aveva repentinamente recuperato la scheda penale di Valentino Corona, ex tenente della polizia italiana. Stava scontando una pena a undici anni di reclusione per il tentato omicidio di Sante Sircana, evaso, l'uomo che si trovava ora di fronte.

Sircana riprese il filo come se non avesse fatto nessuna pausa nel discorso, forse aveva continuato a monologare da solo nel frattempo.

– Vede... tutta questa storia è iniziata con lui. Potrei quasi dirle che è iniziata a causa sua. In un certo senso l'ndrangheta mi ha tradito. Io ero orgoglioso di essere un affiliato. Pensavo che tra fratelli fosse giusto aiutarci. Ero un uomo di rispetto, ospitavo i parenti dei carcerati che salivano al nord. Ma hanno iniziato ad infangarmi. Ci trovavamo nel mio night di San Salvario. Se i capi andavano con le ragazze, tutto a posto.

Se lo facevo io, dicevano che non rispettavo più la famiglia. Mettevano voci in giro. Facevano delle tragedie. Dicevano che mi drogavo, ma non era vero. Parlavano male di me.

– Perché parlavano male di lei?

– Ero diventato troppo grande. Davo fastidio, guadagnavo bene. L'onorata società, a volte, è traditrice. Per loro sei come un robot: ti costruiscono, ti usano e ti buttano via. Comunque tutto filava liscio. Per questo ebbi la tentazione di mettermi in proprio. Costruii, giorno dopo giorno, una specie di loggia all'interno della struttura famigliare. Misi dentro gente nuova, Caponi, Terminati e tanti altri. Poi ci fu questa storia del Corona.

– Quale storia?

– Siamo alla fine degli anni Novanta. Ero ancora in pieno nel giro, la base di tutto era il Tropic Sun e un cinema porno nelle vicinanze che avevo comprato dai siciliani che si stavano trasferendo in periferia. Questo poliziotto lavorava perennemente in solitaria. Aveva modi spicci e sembrava ottenere dei risultati. Mi toglieva dalle palle la gente di colore e io in cambio gli passavo della merda, gli facevo scopare qualche ragazza. Era un tipo sveglio.

– E poi – il commissario lo disse ironicamente – cos'è andato storto nella vostra relazione?

– Poi questo *si 'na sampugna*, poi questo cretino – specificò, – si è presso una sbandata per il brasiliano.

– Un brasiliano?

– Si faceva chiamare Analinda. Quasi due metri. Sembrava proprio una fissa. Al Corona glielo buttava di dietro. Si era messo in testa di tenerla solo per lui, le passava i soldi per le operazioni, voleva portarla via dal suo lavoro. Un giorno Corona venne al Tropic, voleva ricattarmi con una storia legata alle assunzioni in nero. Capisce, se ne era venuto in casa mia a fare tutto quel baccano per il brasiliano. Fosse stato per me avrei anche potuto accontentarlo. Da quando si era innamorata Analinda non mi rendeva più niente. Ma che figura c'avrei fatto con la famiglia? Avrei perso credibilità.

– Allora l'ha ricattato a sua volta. Del resto aveva in mano Analinda.

– Andò così commissario. Feci lisciare il pelo al brasiliano e volli fare abbassare le ali al Corona. L'onorata società mi fece delle pressioni. Dovevo dare l'esempio. Gli chiesi di ammazzare una persona. Ed è l'unico omicidio di cui sono stato il mandante. L'unico in tutta la mia vita.

– E Valentino Corona lo fece?

Sante Sircana tossì, poi sorrise e dondolò il capo su e giù.

– Sì commissario. Lo fece anche troppo bene.

Basilica di Superga

V. rimase con la pistola in bocca per un'ora. Il dito sul grilletto. La lingua sulla canna. Il metallo che gli intorpidiva i muscoli della bocca.

Scorreva vecchie fotografie mentali. Non aveva la forza di andare a salutare Analinda. O forse la cercava sull'orlo della fine come un ultimo commiato. Il desiderio di un condannato in procinto di salire sul patibolo.

V. tornò indietro nel tempo. Andò ancora al parco della Mandria. Sonny in ginocchio davanti a lui che si pisciava addosso. Erano mille anni fa. Perché non l'aveva ucciso? Perché cazzo non l'aveva sotterrato con una pala, perché non l'aveva massacrato?

Aveva un conto deposito cifrato in Svizzera di cui non era al corrente nessuno, c'erano depositati quasi quattrocento mila euro. Adesso era libero. Aveva quarantotto anni. Non cento. Poteva prendersi un aereo e comprarsi una fazenda in Brasile. Un'anima in un santuario. Avrebbe potuto comprarsi una bocca da baciare. Una donna. Una mamma. Qualsiasi cosa. Avrebbe ricominciato tutto da capo. Fanculo Sonny. Fanculo il mondo. Cosa stava facendo su quella collina maledetta da Dio? Cosa voleva ancora da quella città che lo aveva tradito? Perché continuare a tormentarsi l'anima con Sonny e quelle immagini?

Si fece coraggio. Gettò la pistola nel baratro di fronte a lui, l'arma rimbalzò su una terrazza e si perse nella nebbia.

Iniziò a camminare lungo i tornanti che scendevano dalla basilica di Superga verso valle. Non era difficile. Bastava seguire la linea bianca a lato della carreggiata. A ogni passo respirare e buttare la zavorra di sotto. A ogni passo procedere nel futuro.

A un certo punto una macchina scura rallentò e lo raggiunse. Poi lo affiancò. V. continuò a camminare cercando di rimanere disinvolto, poi quando fu evidente che la macchina lo stava seguendo, si fermò voltandosi verso l'auto.

L'auto si fermò a sua volta. Il suo respiro andava a sbalzi. Stava ormai tremando. Il finestrino dal lato passeggero scese lentamente. Scese per un tempo che gli parve interminabile. Vide la faccia dell'uomo. Non lo conosceva. Non si può conoscere la faccia della morte.

Poi l'uomo parlò.

– Posso offrirle un passaggio?

V. non aveva niente da perdere e se lo volevano ammazzare gli avrebbero fatto un favore. Salì.

La macchina partì senza fretta. Quello alla guida era sui cinquantacinque, un po' goffo nei movimenti. L'uomo che gli aveva parlato sfiorava con la testa il tetto della vettura, forse un po' più giovane.

– Grazie di avere accettato il passaggio. Noi due non ci conosciamo.

Fu allora che V. lo riconobbe. Era stato sui giornali negli ultimi giorni. Ne parlavano tutti in città. *Sushi connection.*

– Commissario Paludi.

– La fama mi precede.

– E la mia mi perseguita. Piacere commissario. Sa già come mi chiamo evidentemente.

Il commissario sorrise e allargò le braccia.

– Evidentemente.

– Dove stiamo andando commissario?

– A prendere Analinda, Corona.

Analinda la puta. Analinda la santa.

– Va bene. Facciamola finita.

Centro Traumatologico Ortopedico, via Zuretti 29

Nicole entrò nella stanza in punta di piedi. Aveva i capelli scompigliati e teneva in braccio il delfino di peluche. Avanzò lentamente verso il letto della madre. A Miriam traboccò il cuore. Cercò di mettersi a sedere. L'infermiera la aiutò a sistemarsi.

Mamma quando si muore?

Miriam non lo sapeva, ma non sarebbe stata quella volta.

Accarezzò il muso alla figlia. La invitò a salire sul letto.

– Avanti spennacchiotto. Non aver paura di farmi male.

Niky indicò la mano della mamma.

– Hai visto che ditone che mi han fatto?

Nicole ridacchiò.

– È buffissimo. È super gigante mamma!

– Ti piace?

– Sì!

– Vorrà dire che dovrai aiutarmi in cucina a preparare da mangiare.

– Facciamo le patatine stasera?

– No Niky. Stasera la mamma non può ancora tornare a casa...

Nicole si acciambellò su di lei.

– Ma torni presto vero mamma?

– Torno presto.

Le accarezzò la testa. Le piaceva tanto quando le faceva il contropelo sulla nuca.

– Angioletto ti piacerebbe avere un fratellino?

Nicole si drizzò in piedi sul letto. L'infermiera la aiutò a non cascare.

– Come Silver?

– No un fratellino vero.

– Come Davide?

– No, Davide è il figlio di Valeria.

Miriam non riusciva a capire.

– Sarebbe un figlio mio.

– Come me?

– Sì.

– Come me. Ma un altro più diverso?

– Sì amore. Proprio così.

– Ma come si fa?

Miriam la strinse forte.

– A volte bisogna fare un incidente.

– E rompersi un dito?

– E rompersi un dito.

– E come lo chiamiamo?

– Torna qua.

Nicole si risedette vicino alla madre. Miriam la baciò sulla fronte. Miriam chiuse gli occhi. Aveva voglia di rivedere sua mamma. Tornare qualche giorno al paese. Riposarsi e parlare di cose da donne, cucinare, dormire, governare il vecchio forno che avevano sul tetto. Fare la pizza. Basta semafori, basta parcheggi. Basta e basta.

Miriam guardò fuori dalla finestra. Il cielo era grigio, non riusciva a capire che ore fossero.

– Non lo so. Magari è una sorellina e la chiamiamo come la nonna.

Strada provinciale 32, Castagnole Lanzo

Lungo la strada provinciale 32 per Viù, poco prima del bivio per Castagnole, la macchina iniziò a rallentare. Scendeva una pioggia costante, ma rada. Pioggia torinese, di quelle senza ombrello. Il commissario Giorgio Paludi, quarantotto anni il giorno dei Santi, si calcò sulla testa il cappello d'ordinanza e sputò un filo di tabacco che gli era rimasto in bocca.

Lo Stura scorreva in fondo alla scarpata gonfiato dalle onde di piena delle piogge autunnali. La deriva del torrente era disseminata di rifiuti, dovevano avere preso il cartellone pubblicitario del ristorante Regina Margherita di Lanzo per quello di una discarica. Una vecchia carcassa del telaio di un'automobile sembrava voler risalire la china fin sulla provinciale, poco sotto un bob rosso era sdraiato sul fianco e una vecchia lavatrice era depositata ironicamente accanto a un paio di fustini di Dixan. Tutt'intorno sterpaglie e rifiuti. L'ispettore Anastasi tirò su il bavero della giacca tentando di ripararsi le orecchie. Guardava in silenzio il commissario in attesa di un cenno. Gli agenti dell'investigativa e i pompieri nelle loro tute impermeabili setacciavano la riva palmo a palmo. Senza fretta. Giorgio Paludi pensò che era strano. I brutti lavori bisogna sbrigarli in fretta e in quella manica di fiume regnava un'inesorabile lentezza.

Nella mattinata erano state trovate le ossa di alcuni animali, una falsa speranza fugata dalla presenza di un patologo forense sul campo, che aveva sentenziato:

– Sono solo le ossa di un cane.

Alle dieci e un quarto un agente trovò un paio di scarpe rosse, ad una mancava il tacco. Tutti guardarono il commissario. Ma lui non si scompose, tirò fuori l'ennesima Stop senza filtro dal pacchetto morbido e aspirò la sigaretta nel vapore acqueo.

– Continuate a cercare. Non siamo venuti fino a qui per trovare un paio di décolléte smaltate di rosso.

Poi si rivolse all'ispettore, sottovoce.

– Ci sono state due alluvioni in questa zona negli ultimi dieci anni. È tutto sepolto, forse non troveremo niente. – Un altro tiro della sigaretta. – Per non parlare dei cinghiali, si divorerebbero anche il copertone di un camion.

Alle undici e quarantacinque, dopo quattro ore e un quarto di ricerche, arrivò la telefonata del PM Benito Giachino. Un uomo allampanato e fastidioso come una colonscopia. Dopo la figuraccia che aveva fatto non concendendo l'autorizzazione a perquisire l'impresa di onoranze funebri Abu Simbel era diventato mellifluo come una Sacher. Paludi non aveva novità, ma non voleva mostrarsi scoraggiato.

– Non mi sono sbagliato dottore. Entro la fine del turno la porto a casa.

E chiuse la chiamata senza cortesie. Fece un gesto con la mano all'ispettore Anastasi e saltò sul cellulare. Fece scendere il sovrintendente e si sedette al posto di guida. Il parabrezza era completamente appannato, fuori non si riusciva a vedere nulla. L'ispettore tossì e il commissario azionò il tergicristallo al minimo della velocità.

– Le manca Genova?

– Mi manca il passato.

Anastasi provò a tirarlo su di morale

– Muore Parodi, un impresario. Un suo amico genovese Marcenaro che fa il medico, va alla sede del giornale per dettare l'annuncio funebre. Scrive sul foglio: Marcenaro piange Parodi. L'impiegata del giornale gli dice: "Fino a cinque parole il prezzo è lo stesso!". Il medico ci pensa un po' su poi scrive: Marcenaro piange Parodi. Vendesi furgoncino.

Anastasi gli sorrise e Paludi accettò l'offerta. Poi tornò a guardare fuori.

Il torrente scorreva verso occidente. Da lì sarebbe andato a finire dopo alcuni chilometri nel Po e dopo altri seicento nel mare Adriatico. A quel punto nessuno avrebbe saputo rintracciare le sue acque. Particelle minuscole sarebbero finite nel Mediterraneo, nell'oceano e un giorno sarebbero diventate pioggia, ghiaccio, neve. Sembrava la cartina geografica di quel caso. I collegamenti esistevano. C'erano stati. *Per forza.* Ma non era più possibile ricostruirli dopo tutto quel tempo. Già quello stupido caso con il nome ancora più stupido che era riuscito a dargli la stampa: *sushi connection.* Peccato che la criminalità organizzata nipponica non c'entrasse nulla. Quello che avevano avuto sotto gli occhi era un primato tutto italiano. Ma adesso un grave sisma aveva colpito l'isola di Haiti, c'erano stati centomila morti e gli americani stavano annettendo un nuovo stato nella loro federazione. La *sushi connection* si stava perdendo banalmente nei trafiletti ed entro pochi giorni nessuno si sarebbe più ricordato di quella storia. Nessuno tranne lui e pochi altri. Stavano ricostruendo anno per anno le attività della Abu Simbel Srl. Qualcosa sarebbero riusciti a mettere a posto, avrebbero risolto qualche piccola contraddizione archiviata da tempo. Ma la cosa che più lo tormentava era l'irragionevole fine dei due ragazzi dello scantinato. Non riusciva ad accettare che fosse stata soltanto una disgrazia. Non riusciva ad accettare che l'uomo non aveva ancora un nome da poter scrivere sulla sua lapide. Ma Sircana non avrebbe avuto motivo per mentire, aveva fatto la richiesta per diventare un collaboratore di giustizia. Il primo dell'onorata società nel Piemonte. E più carne avesse messo al fuoco e maggiori sarebbero state le sue possibilità di far accettare da un giudice la sua posizione. D'altronde la versione di Caponi era ormai al sicuro sottoterra e quel caso sarebbe stato archiviato come un incidente; l'uomo si era sbagliato a preparare il fugu e lui e la sua bella si erano avvelenati. Per evitare di soffrire si erano ammazzati a colpi di fucile. Troppe contraddizioni.

Paludi tornò a guardare fuori. I ragazzi sembravano stanchi. Uno dei pompieri fumava appoggiato ad una pala appena dietro la ringhiera di ferro che fungeva da guard rail. Era alta quasi un metro e venti.

– Non deve essere stato facile sollevare un cadavere di ottanta chili. Era da solo, ed era buio.

L'ispettore annuì.

– Sì un bel peso morto.

Ma non era una battuta, Anastasi non era capace di farne. Solo non aveva il minimo senso della realtà e faceva sempre delle irrimediabili gaffe. Il commissario lo guardò di sottecchi. Lo conosceva ormai da sei anni. Era stato al suo fianco in tutte le indagini da quando si era trasferito al commissariato di Torino, prima alla buoncostume e poi, dopo l'eccezionale caso di via Montebello, di nuovo promosso all'investigativa. E allora aveva deciso di portarselo dietro come un portafortuna. Anche perché credeva di essere il solo capace di poterne limitare i catastrofici danni.

Paludi ritornò al viaggio in macchina del giorno prima con Valentino Corona. Alla tortura che quell'uomo aveva sopportato per tutti quegli anni durante la permanenza in carcere. Non riusciva a capire perché non si fosse ancora ammazzato. Come potesse resistere con quei buchi nell'anima.

L'avevano costretto a guardare morire la donna che amava dopo averla picchiata a sangue. L'avevano costretto a seppellire il cadavere di Anastasio Botelho da Lima. Un transessuale brasiliano di trentaquattro anni. Da solo. In silenzio. Con le sue mani. *Analinda*.

– Commissario, la vita fa schifo. Lo sa meglio di me. Io non sono una brava persona. Non la sono mai stata. Ma questo non significa che non possa capire come stanno veramente le cose. Del resto i cattivi hanno capito qualcosa che i buoni ignorano. Non crede?

Così gli aveva detto il giorno prima. Ma al commissario sembrava una vita fa. Paludi non credeva più a niente e non credette nemmeno a quello che gli stava raccontando Corona. Lo lasciò parlare come si fa con la televisione.

– Non facciamo quello che vogliamo e siamo responsabili di quel che siamo. Bella presa per il culo.

Poi un motorino passò rombando e lo riportò alla riva del fiume che stavano setacciando, erano due ragazzini, la biondina di dietro senza casco e con i capelli al vento. Si rivolse all'ispettore.

– Venga con me. Usciamo.

Il commissario voltò le spalle al greto del fiume ed iniziò a camminare lungo il bordo della provinciale in direzione Torino. Maledisse un paio di automobili che incrociarono la strada a velocità troppo sostenuta.

– La troviamo ispettore. Corona non ha avuto dubbi. Appena ha visto lo spiazzo sulla sinistra dove le macchine potevano sorpassarlo, ha cambiato volto. E poi c'è il cartellone pubblicitario.

– Ma Corona ha parlato della pubblicità di un rivenditore di bombole di gas. Non di una pizzeria.

– In undici anni cambiano tante cose ispettore. E Corona non ha parlato di gas, ma di kerosene. Il kerosene non lo usa più nessuno Anastasi e io ero sposato, felice e non mi facevo domande.

L'ispettore non rispose, conosceva Paludi e sapeva quando era di luna malinconica. Il commissario avanzò per un centinaio di metri fino ad una casa con l'intonaco a vista, probabilmente una costruzione abusiva mai portata a termine. Sperava che la gente che abitava in quel posto potesse dargli un aiuto. Ma il motivo non lo conosceva nemmeno lui. Spolverò un citofono. Sembrava che nessuno lo usasse da mesi. Lo pigiò una prima volta, ma non rispose nessuno.

– Non è vero ispettore. Le domande me le facevo anche undici anni fa, e forse non ero felice neppure allora. Però sì, ero sposato.

Stavolta Anastasi si azzardò.

– È una bella cosa, no?

– Che non ero felice o che ero sposato?

– Che si è sempre fatto delle domande.

Giorgio Paludi, quarantotto anni il giorno dei Santi, schiacciò il campanello.

– Entro la fine del turno la porto a casa – aveva detto al sostituto procuratore quella mattina. Forse avrebbe mantenuto la promessa. Avrebbe trovato il corpo di Analinda e gli avrebbe dato una nuova terra in cui marcire. O forse no. Forse non l'avrebbe trovata e quella sera se ne sarebbe tornato a casa lo stesso con la sensazione di aver fatto il lavoro per cui veniva pagato.

Avrebbe fumato una sigaretta, bevuto un paio di birre alla salute di tutti i morti di quel caso. Leonardo Sistina, Andrea Lazzari, Gosia, Analinda. Magari ce ne sarebbero volute anche quattro o cinque di birre. Poi avrebbe portato a pisciare il cane. Avrebbe fatto la pace con Eva e avrebbero scopato come la prima volta sul tappeto. Sarebbe arrivata la primavera e dopo l'estate. E dopo ancora qualche altra stronzata. O forse no. Forse Eva non l'avrebbe perdonato e sarebbe scomparsa dalla sua vita così come era venuta. Perdonato di cosa? Che cosa aveva fatto dopotutto? Domande sempre solo domande. Era punto a capo come diceva suo figlio Michele? Era ancora innamorato di sua moglie Lidia?

Si voltò a guardare l'ispettore Anastasi. Stava ancora aspettando una risposta.

– Non lo so ispettore. Non so mai niente. Niente.

Torino, gennaio 2010

I fatti e i personaggi sono immaginari,
ma autentica è la realtà che li produce

Le mani sulla città, Francesco Rosi

I libri non si dedicano. Si possono dedicare le tesi di laurea, ma i libri no, come non si dedica la vita.

Le storie le abbiamo dentro, vivono attorno a noi come rampicanti, ci crescono addosso e non possono che recitare le nostre forme. Ma non per questo sono essenzialmente autobiografiche, come del resto non tutti i figli assomigliano ai genitori.

Ecco, ogni volta, come sempre, mi rendo conto che nel libro son finite le pagine, che non c'è più da dire niente. Allora penso che ci siete voi, che la storia scritta avete accolto e letto, e mentre entravate in quel mondo eravate nelle vostre stanze, nei vostri letti e vivevate la vostra vita.

È una cosa da rimanerci secchi. Ma secchi davvero. Vorrei dirvi grazie, uno per uno, ma come si fa a dirlo senza parole?

Ecco perché non ne uso di parole per dedicare il libro a chi di dovere. Lei lo sa. Loro lo sanno. Non serve nient'altro.

A proposito, Giorgio Paludi ha deciso di non rimanere tagliato fuori dalla modernità, lo potrete trovare su Facebook sotto il suo nome: sarà felice di farsi una chiacchierata con voi.

Finito di stampare nell'aprile 2010
dalla tipografia Me.Ca – Recco (GE)
per conto della Fratelli Frilli Editori srl – Genova
Printed in Italy